开拓的艺术

如何把丢失的人脉找回来

郑和生◎著

吉林出版集团股份有限公司

图书在版编目（CIP）数据

开拓的艺术 / 郑和生著. — 长春：吉林出版集团

股份有限公司, 2018.7

ISBN 978-7-5581-5226-9

Ⅰ.①开… Ⅱ.①郑… Ⅲ.①人际关系学－通俗读物

Ⅳ.①C912.11-49

中国版本图书馆CIP数据核字（2018）第132668号

开拓的艺术

著　　者	郑和生	
责任编辑	王　平　史俊南	
开　　本	710mm×1000mm　1/16	
字　　数	260千字	
印　　张	18	
版　　次	2018年8月第1版	
印　　次	2018年8月第1次印刷	
出　　版	吉林出版集团股份有限公司	
电　　话	总编办：010-63109269	
	发行部：010-67208886	
印　　刷	三河市天润建兴印务有限公司	

ISBN 978-7-5581-5226-9　　　　　　　　　　定价：45.00元

前　言

　　在现代社会，人脉发挥着越来越重要的作用。一个人没有点人脉关系，简直是寸步难行。有的人靠着广泛的交际，甚至可以一步登天。我们每个人都被看不见的人际关系所包围，但并不是所有人都能意识到人脉的财富意义。因为感受不到，所以就会出现很多的人脉资源浪费，就像水资源一样白白流失了。所以，当你成功地推销了自己，人脉就像滚雪球那样越来越大的时候，你就尤其要注意合理使用。

　　不懂得维护既有的人脉资源，比没有人脉资源更可怕。

　　也许有人会感到奇怪，人脉又不是钱包里的钱，难道还有小偷来偷走不成？好好的人脉资源怎么会流失呢？下面我举个简单的例子，也许你就明白了。

　　假设你有一个非常好的朋友，在你遇到困难的时候，这个朋友毫不犹豫地伸手帮了你一把。那么这个朋友对你来说，可以说是不错的人脉资源。从这个朋友的角度来说，他帮助过你，你欠他的人情，那么你也属于他人脉网络中的一个。

　　但是有一天，这个朋友向你借钱，你当然毫不犹豫地借给他一万元。他带着钱走了，后来他又找你借一万元，你又借给他了。接着，不多久，负债累累的他又找你借一万元，你还是借了。最后，朋友又一次来借钱，请问你还会借吗？

　　经过几次之后，你肯定不会再借了，因为你感觉你的人情还完了，你们之间的友谊也已经消耗的差不多了。站在这个朋友的角度来看，他的人脉资源就是这样被他慢慢消耗的。所谓人脉资源，就像银行里的存折。你不可能说只取钱不存钱，不然的话存折里的钱很快就被你取完了。我们在银行里存的是人民币，而在人脉存折中，储存的则是增进人脉网中不可缺少的信赖，或者说是你与他人相处时的一份安全感。人情账户中能够增加的存款是礼貌、诚实、仁慈和信用。这会使别人对你更加信赖，在必要时会发挥其作用。即使你无意中犯了错误，也可以用这笔储蓄来弥补。

但是，如果你过度滥用人脉资源，这笔人情账务很快就会捉襟见肘。不仅如此，粗野、轻蔑、无礼与失信等行为，都会减少人情账户的"余额"，甚至透支。到那时，你的人脉资源网络就会亮起红色的"警灯"了。例如，有的人帮了别人的忙，就觉得有恩于人，于是总有一种高高在上、不可一世的优越感。这种态度是很危险的，即使他帮了别人的忙，却没有增加自己人情账户的存款。正是因为这种骄傲的态度，把这笔账抵消了，使本应该到手的人脉财富悄悄地溜走了。

创业艰难，守业更难。人脉的建立本身就是一件非常持久、艰难的工程，人脉的维护更是非常重要的事情。如果没有意识到这一点，你的人脉资源很容易就会丧失贻尽。如果你从一个重要的人物那里频繁地支取资源，超过了一定界限，等到积累到某一次的时候，你就没有机会了。例如，你有一个特别有本领的亲戚，平时杂七杂八的小事你都去麻烦他，那么你在他那里的亲情关系也会渐渐薄弱，最终他也会拒绝再帮助你。

维护好你现有的人脉资源，把丢失的人脉找回来，这是我们在开拓新的人脉关系之时，更应该去做的一件事。千万不要像狗熊掰棒子，一边寻找新朋友，一边忘掉老朋友，最终发现自己仍然两手空空，没有任何人脉积累。

目 录
CONTENTS

第三辑　CHAPTER 03
修养是建立人脉资源的基础

第四辑　CHAPTER 04
整合人脉，形成强大人脉圈

目 录
CONTENTS

第七辑 CHAPTER 07
别让错误举动坏了人际关系

第八辑 CHAPTER 08
获取人脉资源有技巧

目 录
CONTENTS

第九辑 CHAPTER 09
关注细节，助你成功

第十辑 CHAPTER 10
人脉树够大，乘荫才更好

人脉决定
事业成败

——•——

①

一个人要做成一番事业，

首先需要积累的应该是人脉。

"人脉就是财脉"这句话虽然俗套，

但永远不会过时。

在社会上，你的人脉资源越丰富，

你赚钱的门路也就越广；

你的人脉档次、品质越高，

你的钱来得也就越快、越多。

[人脉的力量，
不可小视]

　　通常情况下，一个人事业的成功，究其原因与别人的交际要占到80％，而来自自己心灵的则只占到20％。人类自古以来就是群居动物，一个人如果想获得成功，或已经获得成功，二者都离不开他所处的人群以及所在的社会，他只有做到在这个社会中游刃有余、八面玲珑，才能够为自己事业的成功开拓宽广的道路，如果你没有超凡的交际能力，就不可避免地会处处碰壁。这也正体现了一条铁血定律：人脉就是钱脉！

　　曾任美国总统的西奥多·罗斯福也说过："成功的第一要素就是懂得如何搞好人际关系。"事实也是如此，在美国，曾经有人向2000多位雇主做过这样一个问卷调查："请查阅一下贵公司最近被解雇的三名职员的资料，接下来再回答：是什么理由使他们遭到解雇的"。调查结果显示，不管是什么地区、什么行业的雇主，近2/3的人的答复都是："之所以会解雇他们是因为他们不会与别人相处。"

　　当今许多成功的商界人士都深切地意识到了人脉资源对自己事业的成功是非常重要，不可或缺的。曾任美国某大铁路公司总裁的A·H·史密斯说："铁路的95％是人，5％是铁。"成功学大师卡耐基通过长时间的研究最终得出结论："一个人是否成功，他的专业知识所起的作用只占15％，而余下的85％决定权则交给了人际关系。"因此，不管你从事的是什么行业，只要你学会了恰当地处理人际关系，那么属于你的那条成功之路你就已经前行了85％的路程，在个人幸福的道路上就走了99％的路程了。难怪美国石油大王约翰·D·洛克菲勒会说："我愿意付出比天底下得到其他本领更大的代价，来获取与人相处的本领。"

　　如果你想要获得成功，首先就要倾尽全力去营造一个适于成功的人际关系，这其中包括家庭关系与工作关系。"家和万事兴"这句古话想必大家都耳熟能详。你与配偶的关系怎样，将决定你与子女的关系如何，而家庭关系给我们与别人的关系定下了一个一模一样的模式。同样，我们与同事、上司以及雇员的关系就是我们事业成败的关键所在。假如一个人没有良好的人际关系，那么即便他有再渊博的知识，再精湛的技能，那也只能是"巧妇难为无米之炊"——无处施展。对此，美国商界曾对领导能力做过调查，结果显示：

1. 对管理者而言，他们将每天3/4的时间都花在了处理人际关系上；

2. 大部分公司的最大开销都是用在人力资源上的；

3. 对管理中所制定的计划能否得到有效的执行，关键在于人；

由此可见，无论公司大小，最重要的财富都是人。

在中国，人脉资源更是有着不容忽视的重要性，假如你想取得事业上的成功，就必须尽早建立起自己的人脉圈子。如果你的人脉圈子上有达官贵人，下有平民百姓，并且，当你有喜乐尊荣时，能够有人为你摇旗呐喊，鼓掌喝彩；当你有事需要帮忙时，有人会为你铺石开路，两肋插刀，这时你就会真正地体会到人脉的力量是多么的不可小视，多么的神奇！

[人脉
即财脉]

在一个人的一生中，人脉资源是一笔无形的资产，是一笔潜在的财富。从表面上来看，他并非是一笔直接的可见的财富，但是如果没有它，你就很难聚敛财富。难道不是吗？事实上即便你拥有非常扎实的专业知识，同时还是个彬彬有礼的谦谦君子，还具有一副雄辩的口才，而你却不一定能够成功地促成一次商谈。但是，如果能有一位关键性的人物从中协助你，肯为你开金口，我相信你的出击一定会做到百发百中，完美无缺！

在社会上，你的人脉资源越丰富，你赚钱的门路也就越广；你的人脉档次、品质越高，你的钱挣得也就越快、越多。这在实际生活中已经是一个不争的事实！

当你想开创一番事业时，你必须具备哪些条件才会稳操胜券呢？

我想首先浮现在大家脑中的一定是钱，没错就是资金。资金在银行里。

接下来就是技术问题，这你也不必担心，因为现在大多人都是以贩卖技术为生的，所以你大可用钱买到。即使找不到，与其他公司进行技术合作也是一个不错的选择。因此，作为事业开展的最重要的原因之一，往往是人，同时人也是你事业能否成功的关键。

人、技术、资金这三大条件的核心是什么？还是"人"。假如你有相当丰富的人脉资源，那么资金与技术都不是问题。所以一个人事业成功的关键就在于"人"。

即使你现在仍然没有自己创业的想法，也许你现在是一个业务员，那么你一定会经常说："如果我也拥有足够多的人脉关系，我一定可以将这件工作完成的漂漂亮亮"；一定会有"如果和哪位关键人物能够牵扯上一些关系，做起事来就会方便多了"的感触吧？因为，只要我们和那些关键人物有一些联系，这样当有事情想要拜托他们的时候，总是能够得到更好的回应。

我们通常所说的"人脉力量"就是指这种与关键人物取得联系的有利条件。

实际上，你所掌握的人脉资源越广泛，你做起事来就越方便自如。每个业务人士都希望有一些有影响力的大人物能够助己一臂之力，使他们在事业的发展上，减少一些障碍。

由此可见，创建丰富而有效的人脉资源是我们到达成功彼岸的不二法门，同时它也是我们所拥有的一笔看不见的无形资产！

因此，你在公司工作的最大收获不是你赚了多少钱，长了多少经验，比这些更加重要的是你在工作中认识了多少人，积累了多少人脉资源。这类人脉资源不光是对你在公司的工作有所帮助，就算你离开公司，它仍然会起到一定的作用，从而成为你创业的重大资产。拥有它之后，在你创业过程中遇到困难的时候，你会知道该打电话给谁。

如果你是一名业务员，那么，你的最大收获就不单纯的是工资、提成以及职务的升迁，最重要的是你从中积累起来的人脉资源。它将会成为你终身受用的无形资产与潜在财富！

人脉有多广，
情报就可以有多广

　　在这个社会上，总有一些信息灵通的人，他们能够先人一步获取重要信息，从而把握机遇在事业上获得巨大的成功。其实，我们每个人都有获取信息的渠道，这些信息都来自于你的情报站，而情报站自然就是你的人脉圈子，人脉能有多广，情报就可以有多广，这正是你事业得到无限发展的平台。

　　在商场上，人们通常把人脉信息称为"情报"。作为一个生意人，如何才能获取工作上所必需的实际情报呢？通常我们所知道的最有效的方法就是：

　　经常看报；

　　与人建立良好的关系；

　　养成读书的好习惯。

　　读书看报人人都会，相对而言，人脉信息就显得比较难得。实际上，生意人最重要的情报来源就是"人"。对他们而言，"人的情报"无疑比"铅字情报"更为重要得多。越是一流的经营人才，对这种"人的情报"就越重视，就越能为自己的发展带来方便。

　　日本三洋电机的总裁龟山太一郎就是一个非常好的例子。他被同行誉为"情报人"，对于情报的汇集他很有一手，别具心得，最有趣的是他自创一格的"情报槽"理论。他说："一般汇集情报，有两个来源，既有从人身上获得的，也有从事物身上获得的。我主张从人身上加以汇集。这样一来，资料建档之后就可以随时活用，对方也会随时有反应，就好像把活鱼放回鱼槽中一样。把情报养在情报槽里，它才能随时吸收到足够的营养。"

　　将人的情报比作是鱼相当有意思。一位著名的评论家曾说："我每一次访问都像烧一条鱼一样，什么样的鱼可以在什么样的市场买到，又该怎么烹调最好吃，我都得先搞清楚。"对生意人而言，如何从他人身上获取情报以及将情报处理好，这样的工作事实上同编辑人是一样的。很多记者都清楚：在没有新闻的时候，就要想方设法去找个话题同人聊聊。生意人亦是如此。或许没有办法随时外出，那就只有利用电话来同朋友们讨教了！

官泽喜——日本的前外相，拥有一个闻名的"电话智囊团"。每当官泽在碰到记者的穷问不舍时，往往会要求给予一个小时的时间进行考虑。如果碰巧在夜里，那么只要一通电话就可以得到满意的答复，这些答复均来自于他的拥有10名成员的智囊团。这也正是我们所说的"人的情报"。

单打独斗的年代早已过去，建立完美高效的人脉圈子为你提供情报，早已成为决定工作成败的关键。我们四周有很多共同享乐和有利害关系的朋友，和他们虽能建立起愉快的关系，但却很难长久。我们结交朋友的过程，都不过是因为某种缘分同别人邂逅，然后对对方产生好感，之后再进行交流，进而"熟识"。而觉得朋友有趣或愉快，也通常都在这个阶段。

在彼此熟识之后，开始会有一种同舟共济的意识，彼此间逐渐加深感情。认为朋友会对我们有所帮助，通常也就是在这个阶段。在这一阶段的友谊，联系性比较强，彼此之间也更容易产生超过利害关系的亲密感。具体来说，交往的实质就是互相启发与互相学习，彼此从不断地摸索中进行逐渐的改变、逐渐的成长，进而建立起稳固而深厚的友情。而在我们的工作与生活中，那些可以作为智囊团的朋友，大体上可划分为以下三类：

第一类是提供给我们工作情报与意见的，称之为"情报提供者"。

这种人大多从事记者、杂志和书籍的编辑、广告与公关等工作，纵然你不对他们频繁相扰，对方也会经常为你提出一些宝贵的意见，如上述的"电话智囊"就属这一类。

第二类是为我们的工作方式和生活态度提供意见的，称之为"顾问"。

这类人大多都是专家，有很多甚至是本行业内的佼佼者，我们可以把他们视为前辈或者师长，向他们取经。

第三类通常与我们的工作没有直接的关系，称为"游伴"。

原则上讲并非同行，通常是在我们参加研讨会、同乡会或各种社团中认识的，也有一些是"酒友"。他们不但可以成为"后援者"，有时甚至会成为我们的"监护人"。

　　所以说"人的情报"比"字的情报"要重要得多。

优秀人脉圈，好处多多

我们每个人都生活在不同的人脉圈子当中，你所在的圈子大小、档次高低，直接影响你的事业和生活水平。如果你圈子里的朋友，都是一些事业发展得很好，收入很高的人，在他们的带动下，你的事业同样也会很好地发展起来的。

下面就让我们看看，优秀的人脉圈子能给你带来什么呢？

1. 透过人脉了解你的竞争对手，从而促进自己

正是：知己知彼，百战不殆。要想成功你就必须掌握竞争对手的特点与动向。例如他们是否重视教育训练？是否鼓励员工进修以加强他们的工作技能？他们在同行业中的名声怎么样？是否爱参加商展？有没有加入一些商业性组织？……

了解这些信息的最佳途径就是你的人脉圈子，并且以此获得的信息大部分是真实可靠的。身为你的朋友他只会帮你，决不会去帮你的竞争对手。

当然在了解了竞争对手的相关信息后，我们要进行相互比较，最重要的是取长补短：存在的优势要保持，存在的差距要努力追赶。

2. 人脉可以让你了解真实的世界，使你的人生更加丰富多彩

核查一下，在你的人脉圈子中，有多少人是外国朋友？假如还没有，那么你就该去发展发展了。或许你有很多走出国门的机会，我想你也许拥有与我一样的感觉。那就是，没有什么比一个人身在国外放眼望去谁也不认识的感觉来得更加空虚、更加无聊了。

孤身一人走在他国的土地上，却没有一个人能帮助自己体验这个国家真正的文化，也没有人会邀你到他们家里坐客，让你有幸看看他们的实际生活，这是一件多么糟糕的事情。

即然如此，我们如何才能拥有一个国际性的人脉呢？

第一，参加国际性的旅行团队。当你去旅游时，假如你不知该如何去认识他，你可以试着问一句："你经常旅行吗？"你会发现大多数人对他们的旅行经验都津津乐道，于是你很快便为自己开启了一个全新的世界。

第二，可以通过外文图书馆或你的股票交易员那儿获取信息。在这些地方你可以认识到非常真诚的朋友。

第三，附近的大学。你可以找到与全世界最有联系的学府或系所。

第四，如果你正在就学，国际学生组织无疑是你最佳的起点。

3. 人脉可以带给你全新的经验与知识

我有这样一位朋友，他是从事推广与销售绿色营养食品的，在这个行业里他已经做了8年，并且一直孜孜不倦，没有丝毫厌烦并以此为荣。这8年的宝贵工作经验不但使他成为了一名优秀的营养师，同时还使他成为了一名生活教练。

因为我与他相处的时间比较多，经常会听到他有关营养学与养生之道的高论，在潜移默化当中，我也学会了许多营养平衡与维护身体健康方面的知识。试想，假如我没有这位朋友，以我自己本身的专业，恐怕一辈子也不会知道这方面的知识或经验。

人脉活动为人们提供了种种可能，即可以让你结识他人，也可以让他人认识你，当彼此间的品行、才干与信息得到了解的时候，彼此间的活动就可能会结出甜美的果实：使彼此间的友谊更加密切，获得更多的发展机遇。交际活动就是机遇的催产术。如果你着意开发人脉资源，懂得捕捉机遇，那么成功就离你不远了。

京城"火花"首富吕春穆在这方面就游刃有余。他原本是北京一所小学的美术教师。某天他在杂志上看到了有人利用收集到的火柴商标引发学生们学习兴趣与创作灵感的报道，于是他决定收集火花。对此，他展开了广泛的交际活动。首先油印了200多封言词中肯、情真意切的短信发到各地的火柴厂家，没过多久他便收到了六七十个火柴厂的回信，并拥有了几百枚各式各样的精美的火花。

在这之后，他还主动走出去以"花"为媒，以"花"会友。在1980年，他结识了在新华社工作的一位"花友"。这位热心的花友一次就送给他20多套火花，还给他提供信息，建议他向江苏常州一花友索购一本花友们自编的《火花爱好者通讯录》，由此他欣喜地结识了国内100多位未曾谋面的花友。他与各地花友交换藏品，共同切磋；他还利用寒暑假，遍访各地藏花已久的花友，并通过各种途径与海外的集花爱好者建立起联系。如此，在广泛交往中他得到了无穷无尽的乐趣与享受，为他成名创造了机会。

他先后在报刊上发表了几十篇有关火花知识的文章，还成为北京晚报"谐趣园"的一名撰稿人。他的火花藏品得到了国际火花收藏界的认可，并跻身于国际性的火花收藏组织的行列。

1991年他的几百枚火花精品参加了在广州举办的"中华百绝博览会"他以14年的收藏历史和20万枚的火花藏品，被誉为火花大王而名甲京城，独领风骚。

很明显，吕春穆的成功受益于交际。他以"花"为媒，来结识朋友，然后再通过朋友认识一些朋友，就这样一环接一环直到把关系网撒遍全球，也因此，一次次的机会降临到他身上，使他走向了成功。

大量的事实一再证明，人们机遇的多少与他的交际能力和交际活动范围的大小几乎是成正比的。所以，我们应该把开展人脉活动与捕捉机遇联系到一起，将自己的交际能力最大化的发挥，使自己的人脉圈子不断地得到扩大，发现并抓住每一次难得的发展机遇，进而拥抱更大的成功！让我们生活中的每一次交往都成为提升自己机会的机遇吧！

开发你
人脉的金矿

"人脉资源"的第一层含义就是从人与人的交往中学习。从人脉资源中获取一种"人生资源"。在与他人的交往中，我们通常可以学到以下三种东西：

1. 了解自己

人们一般都好犯一个毛病——自以为最了解自己。然而事实上，我们对自己的了解通常都是有限的，我们几乎很难具体地描述自己的个性、能力、长处与短处。当你自以为是地以为"这就是真正的自己"时，一般情况下只是看到了"有意识的自我"与"行动的自我"，而这些不过都是自我中的一部分而已。

我们是很难掌握自己的，唯一的办法就是拿自己同周围的人进行比较，或者通过与他人的交往逐渐看清别人眼中的自己是什么样的，有些时候，我们必须经过长辈的多次斥责与朋友的规劝之后，才会恍然大悟，近而掌握真实的自我。有句古话："以人为镜，可以明得失。"除非有别人为你作镜子，不然你永远也不会知道自己的德性到底是什么样的。

2. 了解社会

我们通常都习惯性地从日常生活中来了解我们所处的这个社会，别人的生活经验、书报杂志与传播媒介也可以成为我们了解社会的工具。然而单凭从生活体验中捕捉到的社会毕竟太狭窄了，就好比井蛙窥天一样，让我们很难做出正确的判断。报纸与其他传播媒体为我们提供的与"地图"不过是一个概念，单凭这张地图，自然是不可能掌握到活生生的现实的。像这样通过狭窄的个人经验塑造出来的世界观，只有随着人脉资源的不断扩大，才有可能慢慢得到修正。

我们都记得在学校刚毕业那会，经常会听到父母或师长的训勉："外面的世界是很现实的。"没错，外面的世界很精彩，但也很无奈，同我们理想中的世界是有很大区别的。简单地讲，只有通过与人的交往才有可能掌握更加真实的社会，才会扩大自己的世界观，才有可能走向成功。

　　3. 了解人生

　　在我们的一生中，无时无刻都在受着他人的影响，他们可能是我们的父母亲友，也可能是我们的上司与同事。在他们身上，我们不但可以发现真实的自己，还可以更加真实地了解整个社会，与此同时还可以通过他们的生活态度进而认识人生是什么。

　　人脉是一面镜子，通过它不但可以清楚地了解自己、了解社会，还可以了解人生。在日常生活中，我们还可以从周围的人身上学到很多有用的东西，对于启发灵感以及增长智慧是有很大帮助的。

　　在你的人脉圈子中，只要你积极开发、善于开发，任何一个人都有可能成为你生命中不可多得的一笔财富。

　　在这里，让我们一起来分享一下世界一流的人脉资源专家——哈维·麦凯，在工作或生活中是如何利用人脉来推销自己，找到一份好工作的。

　　哈维·麦凯从大学毕业那天起就开始忙着找工作。在当时，大学毕业生还很少，他很自信地认为自己可以找到最好的工作，结果却事与愿违。幸好哈维·麦凯的父亲是一位记者，因为工作的原因，认识一些政商两界的重要人物，这其中有一位叫查理·沃德。

　　查理·沃德是布朗比格罗（Brown & Below）公司的董事长，他的公司是全世界最大的月历卡片制造公司。在四年前，沃德因为税务问题而服刑。哈维·麦凯的父亲觉得沃德的逃税一案有些失实，于是赴监采访沃德，写了一些公正的报道。沃德非常喜欢那些文章，他几乎落泪地说，经过许许多多不符事实的报导之后，哈维·麦凯终于写出了一些公正的报导。

　　当他出狱后，问哈维·麦凯的父亲是否有儿子。

　　"我有一个儿子在上大学。"哈维·麦凯的父亲说。

　　"什么时候毕业？"沃德问。

　　"正是需要一份工作的时候。他刚刚毕业。"

　　"噢，那正好，如果他愿意，叫他来找我。"沃德说。

第二天，哈维·麦凯打电话到沃德办公室，一开始，秘书不让见。后来提到他父亲的名字三次，才得到跟沃德通话的机会。

沃德说："你明天上午10点钟直接到我办公室面谈吧！"第二天，哈维·麦凯如约而至。不想招聘会变成了聊天，沃德兴致勃勃地聊哈维·麦凯的父亲的那一段狱中采访。整个过程都进行得相当轻松愉快。

聊了一会儿之后，他说："我想派你到我们的'金矿'工作，就在对街——'品园信封公司'。"

在街上闲晃了一个月的哈维·麦凯，现在站在铺着地毯、装饰优雅的办公室内，不但马上拥有了一份工作，而且还是到"金矿"工作。所谓"金矿"是指薪水与福利最好的单位。

这不仅仅是一份工作，更是一份事业。42年后，哈维·麦凯还在这一行继续寻找那个捉摸不透的金矿，而且成为全美著名的信封公司——麦凯信封公司的老板。

哈维·麦凯在品园信封公司的工作中，熟悉了经营信封业的流程，懂得了操作模式，学会了推销的技巧，积累了大量的人脉资源。这些人脉成了哈维·麦凯成就事业的关键所在。

事后，哈维·麦凯说："感谢沃德，是他给了我一份工作，是他创造了我今天的事业。"

不要忽视你生命中出现的每一个人，因为他们中的任何一个人都有可能成为你生命中的贵人，成为你事业中最重要的顾客。像故事中的沃德，作为一个曾经身穿囚衣的犯人，都有可能成就一个人的人生与事业。做一个有心的人吧，随时随地地注意开发你的人脉金矿！

只要你善于开发，那么每一个人都有可能成为你的一笔金矿。

[以诚交友，以心待人]

人不能离群而独居。人总是要过群体生活的。尤其对青年人来说，朋友更为重要。友谊是他们创业的基础。志同道合的朋友可以为我们带来快乐和成功，它比金钱和学识显得更重要。

关于友谊，爱默生说："一个真挚的朋友胜过无数个狐朋狗友。"的确，除了自己的力量之外，再也没有别的力量能帮助你去实现成功。

林肯的钱袋是空的，但他拥有一帮朋友，并在朋友们的帮助下取得事业的成功。伯利勋爵在讲到一个人的处事原则时说："赢得他人的信任，你就会获得支持和财富。"

好的朋友在精神上可以慰藉我们，使我们的身心得到快乐，勉励我们道德上的提高。从经营的角度讲，好的朋友对一个人的帮助价值也是巨大的。

但是，很多人将人与人之间的交往归于交易，致使友谊不纯，真正的朋友难以找到。其实，交友是一件很重要的事情，不是随随便便就可以的。

奥里森·马登说："一个人能否成功关键在于他择友是否成功。"要没有友谊的力量，就不能实现成功。友谊能改变一个人的性格，乃至改变一个人的一生。希里斯博士说过："友谊可以决定一个人的命运。当年轻人忽视他身边的朋友时，其成功就会大打折扣。"因为，人是靠一个规模庞大的信用组织来维持着，而这个信用组织的基础却是建立在对人格的互相尊重之上。换句话说，谁也无法单枪匹马在社会的竞技场上赢得胜利、获得成功。

获得友谊不是呼之即来的，它也需要一定的条件。首先要培养能让自己为别人佩服、有吸引力的个性；其次，你要慷慨、大度。吝啬、自私是受人鄙视的。再有你必须表现出勇气和胆识，一个懦夫是不会有朋友的，还有你必须充满自信，否则，别人也无法信任你，你必须满怀激情，积极向上，保持乐观，没有人愿意接近一个悲观主义者。

人们在生活中，应该与朋友坦诚相见、以心换心，只有这样方能友谊长存。无论做什么事情，都不能以牺牲友谊为代价。应与朋友保持紧密的联系。

比尔喜欢喋喋不休地给你说他在大学的经历，杰瑞则愿意听你讲讲你当年下乡的故事，并表示很感兴趣，你更喜欢谁？比尔还是杰瑞，说话者还是倾听者？

答案毋庸置疑是杰瑞。

就人性的本质来看，我们每个人当然更为关心自己。每个人都喜欢讲述自己的事情，喜欢听到与己有关的事情，所以，你要使人喜欢你，那就做一个善于倾听的人，鼓励别人多谈他们自己。

如果你想让周围的每个人都躲避你，背后笑你，甚至讨厌你，这里有一个最好的办法——绝不静听别人说话，不断地谈论你自己。如在别人谈话时，你有自己不同的意见，你想到别的更有趣的话题，别等他说完，即刻插嘴，在一句话当中打断他。

而如果你想让周围的人都喜欢你，欢迎你，甚至爱戴你。那么你必须学会倾听。在人生交际场上取得辉煌业绩的人，都是会倾听的人。

我们可以以周围成功人士为榜样，完善自己。概括地说，应该做到：

1. 听别人讲话要专注

全神贯注地听别人讲话，眼睛注视着说话的人，脑子里要设法撇开其他的事情，将注意力始终集中在别人谈话的内容上。

2. 听别人讲话要有耐心

其次，耐心地倾听，不要轻易地打断别人的话，不要因对方叙述的平淡而漫不经心！也不要在别人结结巴巴讲不清时，流露出烦躁和责怪的神情，更不应在别人讲不同意见时，则听不下去而反驳或争吵。

3. 听别人讲话要有回应

要有回应地听，通过点头、微笑、手势、体态、语言等作出积极的反应，鼓励对方完整地说完他的意思。

善于倾听别人说话的人，会让人感到他是值得交往的朋友，并愿意与之相处，他与众人的关系也将日益密切起来。专注凝神地倾听别人说话，它将使你获得成功、谅解和友情。

不论什么时候，把自己变成一个好听众，鼓励对方敞开心胸，淋漓尽致地吐出心中的活，你就能做一个人见人爱的社交明星。

敌人也能是朋友

不念旧恶，是赢得人心的一种很好的法术。看过《水浒传》的人，都对书中宋江这个人物留有极深的印象。宋江在梁山泊中，论谋、论武都并不出众，但他为什么能赢得众将的一致拥戴，为他拼死效力，一个很重要的原因就在于宋江能不念旧恶，使招降纳叛过来的将领们对他心悦诚服。

细数梁山的将领，很多人当初都和宋江作过对，或者是对宋江有"恶"，但宋江乐于忘记别人的"恶"。这就使得对方心存歉疚，诚惶诚恐。他不念恶，礼义相待，甚至格外表示亲近，也就使得过去的为"恶"者，感念其诚，改"恶"从善，自愿投其麾下，征战立功。这样的事例在历史中是不胜枚举的。唐朝的李靖，曾任隋炀帝时的郡丞，最早发现李渊存图谋天下之意，亲自向隋炀帝检举揭发。李渊灭隋后要杀李靖，李世民反对报复，再三请求保他一命。后来李靖驰骋疆场，征战不疲，安邦定国，为唐朝立下赫赫战功。

魏征曾鼓动太子建成杀掉李世民。李世民同样不计旧怨，量才重用，使魏征觉得"喜逢知己之主，竭尽力用"，也为唐王朝立下了大功。

宋代的王安石对苏东坡的态度，应当说，也是有那么一点"恶"的。他当宰相的时候，因为苏东坡同他政见相左，借故将苏东坡降职减薪，贬官到了黄州，搞得他好不凄惨。然而，苏东坡胸怀大度，他根本不把这事放在心上，更不念旧恶。王安石从宰相的位子上垮台后，两人的关系反倒好了起来。他不时写信给金陵的王安石，或共叙友情，互相勉励。或讨论学问，十分投机。苏东坡由黄州调往汝州时，还特意到南京看望王安石，受到了热情接待。二人结伴同游，促膝谈心。临别时，王安石嘱咐苏东坡：将来告退时，要来金陵买一处田宅，好与他永做睦邻。苏东坡也满怀深情地感慨道："劝我试求三亩田，从公已觉十年迟。"两人一扫嫌隙，成了知心朋友。

　　相传唐朝宰相陆贽，有职有权时曾偏听偏信，认为太常博士李吉甫结伙营私，把他贬到明州做长史。不久，陆贽被罢相，贬到明州附近的忠州当别驾。后任的宰相明知李、陆有这点私怨，便玩弄权术，特意提拔李吉甫为忠州刺史，让他去当陆贽的顶头上司，意在借刀杀人，通过李吉甫的手把陆贽干掉。不想李吉甫不记旧怨，而且"只缘恐惧转须亲"，上任伊始，特意与陆贽饮酒结欢，使那位现任宰相借刀杀人之计成了泡影。对此，陆贽自然深受感动，便积极出点子，协助李吉甫把忠州治理得一天比一天好。李吉甫不搞报复，宽待了别人，也帮助了自己。

　　"人非圣贤，孰能无过？"当我们有对不起别人的地方时，多么渴望能得到对方的谅解啊！又多么希望对方把这一段不愉快的往事忘记啊！那么，将心比心，我们为什么不能用宽厚的态度去对待他人呢？

　　只要我们这样做了，得到的将是对方的内疚、自责和感激，必将在日后的生活中报答于你。

[给人好处
有学问]

向银行贷款，银行要利息，给别人一份好处，你也会得到更多的好处。

每个人都会有给人好处的经验，而也惟有给人好处，才能从别人身上也得到一些好处！如果从不给人好处，那么这样人不会有太大的成就。

不过，给人好处还是有一些学问的，别以为"给"这个动作很容易，我们认为，给得不恰当，不但对方不会感激你，有时还会怨你。你白白损失好处，又招人怨，天底下再也没有什么事比这更冤的了。

所以，要给人好处，就要给得恰到好处，也就是说：不轻给、不滥给、不吝给！

所谓不轻给就是不轻易给对方，总是要让对方为这好处吃一些苦头，花一些心力，让他在付出之后才得到，这样子他才会珍惜这得来不易的好处。如果你因为身上有太多好处而随便给人，或想以好处来讨别人欢喜，那么不但他不会珍惜这些好处，对你也不会有任何感激之心，反而还会嫌少、嫌不够好，甚至一再向你要好处，你如不给或给得不如前次好、不如前次多，对方便要怪你、恨你，比你不给他好处还怨得深、恨得厉害。不过，"不轻给"也要拿捏分寸，如果你是故意不给，或摆明有意要在"折磨"他之后才给，那么你也有可能招怨；你要向对方表明你的好处其实不如他所想的那么好那么多，要给他也有身不由己的困难，或是还要同他人"研究研究"等等。决定给他好处了，你也要让他知道，你是如何费尽九牛二虎之力才促成这件事、这样子。对方受了你的好处，心里多少也会有压力，对你的感谢，自然不在话下，而且也不会把你当成"呆子"，动不动就来向你开口，这样你给人好处才给得有价值有意义。

"不滥给"，顾名思义就是不乱给，该给多少都要有准则，否则会出现和"轻给"一模一样的后遗症，而且还会造成是非不明的结果，至于"不吝给"，这和"不轻给"、"不滥给"是没有矛盾的。"不吝给"是指应该给、必须给、不得不给时，就要毫不吝惜地给、慷慨大方地给；不怕给得多，只怕给得少。这种情形包括人家有恩于你时、奖赏有功的属下时、要重用某人时、要收买人心时，以及情势所迫时。如果你给得少，给得不干脆，那么这好处的效果，得不到别人的感谢也就罢了，有时还会招怨！

　　古代有很多皇帝就是因为吝给将领好处而吃苦头！而最不吝给的就当属刘邦了，刘邦还在打天下的时候，有次遭围困，便驰函叫韩信来救，韩信覆函要求刘邦封他为"假王"以方便调兵遣将；刘邦有被韩信"要挟"的不愉快，正要发作，张良踩他一脚，刘邦立刻说："男子汉大丈夫，要做就做真王，做什么假王？"于是立刻封韩信为王，派人驰送印信，调兵前来解围！

　　刘邦的"给"，给得多漂亮！而项羽之败，其实也就败在"吝给"。可见好处能不能给得恰到好处，是影响重大的。

尊重和赞扬，让你赢得好感

人类的举止，有一条最重要的法则。如果我们遵循这条法则，我们几乎永远不会出问题。事实上，如果遵循这条法则的话，就会给我们带来无数的朋友和无限的幸福。但是一旦违反了这条法则，我们就会惹上无尽的麻烦。这条法则就是：永远使对方觉得重要。

几千年来，哲学家一直在推测人性关系的规则，而从推测中，只寻出了一条重要的箴言。这条箴言并不是新创的。梭罗亚斯特早在3000年前就把它教给拜火教徒了。孔夫子也在2500年前在中国就宣扬它了。道教始祖老子，也把它教给了他的门生。释迦牟尼于耶稣诞生前500年，在圣迦河岸宣传过它。印度教的经文典籍，在这之前1000年，就传播过它了。耶稣在十九个世纪之前在崎岖的巨狄亚石山上。就这样教导过了。耶稣把它归纳成一句话——"己所欲，施于人。"

你希望那些和你来往的人都赞赏你，你希望人家赞赏你真正的价值，我们许多人都希望这样。因此，我们也要以希望别人待我们之心去对待别人。

我们每个人心中都有一种当重要人物的感觉，一旦别人帮助他实现了或让他体验到了这种感觉，他当然会对这个人感激不尽的。当别人超过我们，优于我们时，可以给他一种超越感。但是当我们凌驾于他们之上时，他们内心便感到愤愤不平，有的产生自卑，有的却嫉恨在心。所以，让我们都谦虚地对待周围的人和事物，鼓励别人畅谈他们的成绩，自己不要喋喋不休地自夸自擂。

世界上没有什么比人更重要。称赞和尊重别人，能够欣赏别人，使他们觉得很受重视，不花一分钱，却能对别人产生意想不到的作用。同样，别人反过来也会尊重你，以积极的态度对待你。

尊重和赞扬别人能够让他人感到受到了重视，受到了礼遇。纽约"卢瓦公司"的负责人马克先生替一位著名的鉴赏家做庭园设计。有一次，他对鉴赏家说："先生，我知道你有个雅好，就是养了许多漂亮的好狗。听说每年在麦迪逊广场花园的展览里，你都能拿到好几个蓝带奖。"鉴赏家听了之后很高兴，后来还提出送给马克的儿子一只小狗，并且打印一份血统谱系和饲养说明给他，告诉他怎样养狗。这就是让对方得到重视的报酬。鉴赏家不仅送给马克先生一只价值好几百元的小狗，而且在百忙中拨出了1小时15分钟的时间指导小狗的饲养。

你怎样对待别人，别人就怎样对待你；你要使自己得到重视，你就得以同样的态度对待别人。

一个小故事是这么说的：

两个人迁移到一个小镇上。第一个人到了这个城镇的市郊，就在一个加油站停下来问一位职员："这个镇里的人怎么样？"

加油站职员反问："你从前住的那个镇的人怎么样？"这个人回答："他们真是糟透了，很不友好。"

于是，加油站职员说："我们这个镇的人也一样。"

过了些时候，第二个人驾车进了同一个加油站，问职员同样的问题："这个镇的人怎么样？"

那个职员同样反问："你从前住的那个镇上的人怎么样？"，

第二个人回答："他们好极了，真的十分友好。"

加油站职员于是说："你会发现我们这个镇的人完全一样。"

与人交往时，你需要别人知道你的价值，需要别人的认同，需要受到重视，那么，你必须让你遇到的每个人备感自己的重要和被需要、被感激。

一个不变的事实是，你所碰到的每一个人，几乎都认为在某个方面他比你优秀，而一个绝对可以赢得别人友谊的方法就是学会欣赏别人。记住爱默生所说的话："每一个我所碰到的人，都在某个方面比我优秀，而在那个方面，我可以向他学习。"

别让损友
误了你的人脉圈

2

交朋友一定要谨而慎之，

既不能误交损友，

更不能让自己给人留下损友的印象。

误交一个损友，

不但不会给你带来任何帮助，

他还会直接影响你的事业和生活。

而你自己如果在朋友中间留下坏印象，

则会迅速破坏你的整个人脉体系。

珍惜你的人脉圈

21世纪什么最贵？人才？错，是人脉！

多个朋友多条路，多个敌人多堵墙！在中国生存，没有人脉关系铺路，努力再多也没用。很多人别的本事不大，却靠着人脉关系飞黄腾达，过着有滋有味、有钱有闲的生活。而有的人却相反，每天干的比牛累，活得比狗差。

差别究竟在哪里呢？不是能力不行，而是人脉关系不够硬。

这个道理想必人人都懂，但具体做时却完全是另外一回事了。有的人朋友越来越多，路子越来越广，而有的人却眼睁睁地看着朋友一个个流失掉，最后剩下孤家寡人一个，这才惊恐地发现：身边到处都是敌人，却没有一个朋友。

圈子越来越小，人脉越来越少，这究竟是什么原因造成的呢？

人脉资源是一种非常稀缺的资源，一丝一毫的流失，都是你人生当中巨大的损失。为了避免这种情况继续恶化下去，我们必须找到其中的原因。下面是几种容易导致人脉流失的情况，只要你能巧妙地避免它们，相信很快就会把关系搞好。

1. 恶意的流言和诽谤

西方有一条古老的格言："如果不能说他人好，就保持沉默。"令人费解的是，为什么有人如此热衷于诽谤他人？究其原因，无非是当一个人遇到麻烦时，其他人庆幸麻烦没有落到自己头上，便忍不住谈论此事。遗憾的是，他们添枝加叶，歪曲事实终至诽谤和蜚短流长。比如，下面这个故事：

"几年前我们最小的儿子来看我们，他生了病。"诺曼说："病得很厉害，呈半昏迷状态被抬进医院急救室，严重脱水，神志不清。三天都是特护。最后经过每天的化验、会诊等，诊断为严重的糖尿病。"

"当时我儿子留着披肩发，尽管不喜欢他这种发型，我却没说什么。那毕竟是他的头发，不是我的。可是有个饶舌的邻居，认为凡是留长头发的年轻人都是嬉皮士或瘾君子，就在邻里间散布我儿子是吸毒上瘾，因吸食毒品过量才送往医院！她从我妻子处得知是糖尿病后，又到处警告大家不要提她说过的话。"

"但是我的一个亲近的老朋友告诉了我一切。'不要把那种女人当知心人，诺曼'，他对我说，'她不可交。'"

"我没有报复，但不用说，我们的友谊降到那种见面点头儿的水平上。后来我得知这夫妻俩以前已搬了三次家，都是因为传话造谣破坏了邻里关系。不知道他们还能住多久又得搬家？"

所以，不要在闲聊中恶意毁谤他人，那样不仅会失去朋友，还会树敌过多。

2. 批评不当也会树敌

几年前，比特出席负责从商家筹钱帮穷人过圣诞节的商会会议。

吉恩·巴克斯特多数情况下都与他同去，他们感觉两个人筹款比一个人要容易。有位犟脾气大声抱怨掏钱之事。"我不信什么慈善事业，"他说，"没有谁给过我什么。《圣经》上说上帝帮助自助者！"

"我同意你的说法，"比特说，"但我们要求的并不多。另外，我们要帮助的是孩子们。他们毕竟还不到你说的自主年龄呀！"

比特他们拿到支票离开时，吉恩说："比特，我从来没听说过《圣经》那句引语，你听说过吗？"

"不，吉恩，我没听说过，"比特说，"因为那话根本不出自《圣经》。但是如果我们告诉他错了，我们就拿不到他的支票了，是吗？"

有时候，告诉一个人他错了毫无意义。但这样做就等于批评他，而批评容易破坏友谊。不仅如此，还会树敌。多数人甚至不能容忍别人告诉他他的手表不准。

3. 千万不要嘲笑别人

有的人也许很大度，他几乎可能容忍任何侮辱、失败或伤害。即使你抢了他的工作、他的钱，他也可能在一定限度内容忍这些，仍像文明人一样对待你。但是，假如你愚弄他、轻视他、嘲笑他，或是把他当傻瓜，特别是在人前，那么他的仇恨足以杀死你。

除非迫不得已，千万不要随便嘲笑别人。那会摧毁对方的自我，破坏了他的自豪感和价值感，甚至造成人的心理残疾。

4. 最快的树敌做法是损人利己

部门经理艾伦去休暑假，由下属厄尔临时代管该部门。有一天，老板要看他让艾伦准备的一些材料。厄尔认为这可是给老板留个好印象的好机会，还要告诉他艾伦实际上是多么靠不住。"艾伦以为，他休假回来后您才要这些材料，所以他还没准备。"厄尔告诉老板，"但我很高兴为您准备这些材料，今天下午我给您送一份报告来。"

只此一着，厄尔认为足以贬低艾伦，提高自己的威信。不料，艾伦回来后，即被老板叫去，并告诉他这件事。"我想我们最好提防厄尔，"老板说，"我认为他不可信赖，他大概只能坐到现在的位子，我们甚至该考虑让他走了。"

在这个例子中，假如厄尔采用正确的策略，就不会给自己惹祸了。他当时只需这样说："艾伦去休假前还在为您搜集材料。他一直忙到最后一刻，把这事交给我做。他交代说，等您要的时候一定要把报告替您准备好。我现在正在做些最后的修改，今天下午给您送来。材料都齐了，只差打印了。"这样一来，无论艾伦还是老板，都会对厄尔刮目相看。

[擅交友者，交友必慎]

在竞争激烈的现今社会，朋友之间的交往十分重要，善于交朋友的人不但生活得快乐自在，而且机遇多多，时时得到众人的帮助。因此，一个人的人缘如何，交友能力如何，实际上反映出一个人处世做人的能力。在当代社会中，传统的友谊内涵十分丰富，而友谊也常受到利用而被拍污，友谊的误区比比皆是。不过，我们还是坚信："有了朋友，生命才显示出全部的价值。智慧、友爱，这是照亮我们黑夜的唯一的光亮。"人生活于社会，不仅要和睦相处，还应该互相帮助，互相尊重，互相关心。

一个用心交友的人，他能有效地改善人际关系，使生活变得更为充实、更加美好。

然而多交必滥，这是中国古代人对交朋友的经验总结。"朋友遍天下，知心有几人。"一个人的精力是有限的，如果不加选择，一味地以结交朋友为荣，则会整日忙于应酬，把大部分精力都放在与朋友的周旋上，必然影响自己的正常工作、学习和生活。再者，结交的人多了，也必然影响到对朋友的观察和鉴别，如果所结交的人中有品行不端或用心不良者，也很可能给自己带来危害。在社会上，确实有这么一种人，以广泛结交朋友为荣，可以说三教九流，无所不交。严格地说，这不是在交友，只不过是不负责任的一般交际行为。真正的朋友不在于相互利用，而在于共同的志向和思想，在于互相帮助，使生活增加乐趣，让友谊为你的生活再增加一些光彩。

我们应把结交朋友看做一项十分严肃的事情。当你在结交朋友时，一定要认真对待，绝对不可轻率。在与对方交往的过程中，要注意观察其思想、兴趣、爱好、品质和行为，掂量一下是否值得结交。当然，这里并不强求朋友是各方面都比自己强的人。孔子说，不要和不如自己的人交朋友。这种观点虽然带有很大的片面性，但也说明了交友的道理不可轻率。因为朋友之间本是互有短长的，在这方面你有优点，在其它方面他有特长，朋友相处，长短互补，这也是交朋友的益处之一。请不要误会，孔子的意思是要交思想纯净、品德高尚的人，向这样的人看齐。只要你所结交的朋友品行端正，能够真心帮助你，不至于对你有害，就可以了。

我们在择友时，首先一定要明确自己的标准，即结交品行端正、心地善良、乐于助人、勤奋上进的人。这样的朋友就是益友，一生中都会对你有很大帮助。有的人以兴趣相投作为唯一标准，而不论对方的思想品行，把讲朋友义气作为唯一标准，只要你对我好，我也对你同样好；你敬我一尺，我敬你一丈；你肯为我赴汤蹈火，我也会为你两肋插刀。至于是否有利于自己，有利于他人和社会，则根本不考虑了。在他的朋友中，既有讲吃讲喝者，又有讲玩讲闹者，甚至还有为非作歹、流氓地痞之类的人。"近朱者赤，近墨者黑。"这样一来，难免影响到自己。

因此，我们一定要慎重选择朋友，切不可滥交，一定要避免和那些道德品行不端的人结交，免得沾染恶习。有的人因交友不慎走上违法犯罪的道路，从而使自己的前程、理想、事业全部化为乌有。某法制报以《一个企业家的毁灭》为题刊载了这样一个故事：

某建筑安装工程有限责任公司经理赵某，在业务往来中结交了许多朋友。

一天，一个朋友和他一起吃喝玩乐后把他带到宾馆的一间豪华房间，神秘地递给他一支香烟。赵某毫不介意地抽了起来，不一会儿，赵某感到异样，这时，朋友告诉他，香烟中放了毒品。赵某当时十分气愤，转身就离去，但初次吸毒的体验却使赵某产生了这样的想法：再吸一次。于是，他再次找到那位朋友，又要了一些毒品。

从此，赵某一发而不可收拾，一个月过后，他已经成了一个十足的瘾君子。公司业务没心思过问，妻子也不去关心，他只是不断地动用自己的积蓄，花费巨资用来购买毒品，而向他提供毒品的，正是指引他第一次吸毒的那位"朋友"。短短两年时间，赵某就花掉了几十万元的积蓄，妻子多次规劝，赵某自己也曾多次痛下决心戒毒，两次进戒毒所，但总无济于事，妻子失望之余弃他而去，赵某悔恨不已。

　　在年末的一天，赵某爬到公司正在承建的一座十二层楼房的楼顶，然后跳了下去，结束了自己的生命。

　　一个颇有前途的企业领导人，就因为交友不慎，被骗吸毒，最后丧失了自己的生命。由此可见，如果在交朋友时不加甄别，一旦交上了那些只知吃喝玩乐的酒肉朋友，对一个人的危害是何其之大。所以，善交友者，交友必慎。

交友
必交诤友

生活于社会之中的人，特别是在商品经济日益发展的今天，谁都需要交结朋友，然而交结朋友却很有讲究。古代对于朋友的交情有各种说法，例如，至交：指友谊深厚，不猜不疑的朋友；世交。也称世谊，指两家世代有交情；八拜之交：旧时称结拜的兄弟、姊妹之交；竹马之交：指自幼年相交的朋友；忘年之交：指年岁差别大或辈分悬殊，但交情深厚的朋友；刎颈之交：指同生共死的朋友；忘形之交：泛指不拘身份、形迹等而结成的不分彼此之朋友；莫逆之交：指相互情投意合的朋友；点头之交：指交情不深，仅是见面打打招呼、点点头的朋友；市道之交：指以做生意为目的，以做买卖的手段结交之朋友；酒肉之交：指吃吃喝喝结交的酒肉朋友；患难之交：指在身处逆境时结交的知心朋友；贫贱之交：指社会地位低下、生活贫苦而相交的朋友；布衣之交：指普通百姓相交的朋友；君子之交：指从道义上互相支持而相交的朋友；小人之交：指重利轻义而结交的朋友。对于以上各种朋友要分辨不同情况采取不同情况予以相处。

对我们这样的普通人，应该选择什么样的人作为自己的朋友呢?

1. 高级而有趣的朋友

这种朋友虽然理想，只是可遇不可求。高级人使人尊敬，有趣的人使人喜欢，又高级又有趣的人，使人敬而不畏，亲而不押，交接愈久，芬芳愈醇。譬如新鲜的水果，不但甘美可口，而且富有营养，可谓一举两得。朋友是自己的镜子。一个人有了这样的朋友，自己的境界也低不到哪里去。

2. 高级而无趣的朋友

这种人大概就是古人所谓的诤友，甚至是畏友了。这种朋友，有的知识丰富，有的人格高超，有的呢，品学兼优像个模范生，可惜美中不足，都缺乏那么一点儿幽默感，活泼不起来。因此，跟他交友，既不像打球那样，你来我往，此呼彼应，也不像滚雪球那样，把一个有趣的话题越滚越大。这种朋友就像药物一样虽苦但绝对有益。

3. 低级而有趣的朋友

这种朋友极富娱乐价值，说笑话，他最黄；说故事，他最像；消息，他最灵通；关系，他最广阔；好去处，他都去过；坏主意，他都打过。只能与他同乐，不能与他交心。

4. 低级而无趣的朋友

这种朋友不值得交往。做人交友，应以知心同趣为原则。做君子者与其和市街中的商人来往，不如和山中敦朴老翁为友。与其人显贵之门拜谒，不如往返于茅屋与穷人亲切交谈。这是因为，居于声色犬马的市中之人，与人交往，易生利害得失之心。而居于山中，深居简出，远离红尘，不问世事的老人。他们生活单纯、简朴，与之交往，可使心灵获得无比的宁静。与此同时，有害的三种朋友不可结交。孔子所说的"损者三友"中的"辟"，就是谄媚奉承，耍弄手段；"善柔"，就是当面恭维，背后诽谤；"便佞"，就是花言巧语，夸夸其谈。跟这种人厮混，必至骄傲恣肆，吹吹捧捧、拉拉扯扯，无自知之明。这就是所以为"损友"的道理。

我国古人把交朋结友的标准，说得入木三分了。而集中到一点，就是：交友必交诤友，惟诤友才是真友。

孔子说："晏平仲（齐国大夫，名婴）善与人交，久而敬之。"古人云："人生知己最难求，高山流水遇知音。"在论交之初，一般人尚能互相敬重，久之，财或富贵利达，或贫困挫折，都会有背信弃义者。

交友精神，主要有两点：一要提倡"久而敬之"。做到不以富而骄，不以贵而傲，不因贫贱而疏。这样的友情则绵远，才会"久而敬之"；二是提倡"敬重"。做到"忠过而善道之"，就是说，对待朋友，必须真诚相见，互相帮助，共同进步，尽其劝善规过的责任。

尊重你的朋友

在进行交际活动时，通常要讲究一些策略，不要把彼此的关系搞砸了。很多朋友反目成仇，就是因为彼此都太固执。如果人人都固执己见，事情只有越搞越糟，到后来，双方形成了成见，势如水火，把原来并不复杂的问题变得越来越复杂了。

这一点在中国的明代有过教训。

明朝的官场中有一种很不好的风气，那就是拉帮结派，互相攻击，很多人都敢对皇帝慷慨陈词，严厉批评。这些大臣不管说得对不对，态度怎么样，都会赚个好名声。所以，万历帝朱翊钧说他们"疑君卖直"，也不是毫无根据的。进一步说，即他们完全忽略了在处理上下级关系时，必须研究和考虑的问题。

正是由于上下级的关系处理得不好，所以相互间的隔阂也就日益加深，这可以说是明朝后来政治腐败的一个主要原因，满清开国之初，对此就十分注意，作为一条教训来吸取。

事实上，领导是具有权威的统帅，要向他进谏就必须掌握一定的技巧与分寸，而不能一味地认死理儿，否则不但事情办不了，往往还有失败的可能。

唐太宗李世民可算是中国历史上很英明，很能采纳臣下意见的皇帝了，但就是对他提意见的时候，恐怕也要讲究一些方式方法，而不能过于认死理儿。

有一次李世民想修洛阳宫，大臣皇甫德参上书谏止，里面有"陛下修洛阳宫，是劳人也；收地租。是厚敛也；俗尚高髻，是宫中所化也"这样的话，李世民看了觉得过分，十分生气地对大臣们说："你们看看，这个人是想让国家一个租子也不收，一个人也不服役，宫女们都不长头发，他才称心如意啊！"

魏征在旁边听了之后，立刻进谏说："事情不是这样的。当初汉朝的贾谊向汉文帝上书时说过当时国家'可为痛哭者三，可为长叹者五'这样过激的话，可是汉文帝没有责怪他，因为自古上书育事，差不多总要写得激进夸张一些，不这样，就不能把事情的重要性表达出来。不过，写尽管这样写，决定还在英明的君主，这就是人们常说的'狂夫之言，圣人择焉'这句话的真实涵义。所以，皇甫德参的意见是否正确，还望您判断裁定，不要轻易地就处罚他，如果轻易处罚，以后就没有人敢提意见了。"李世民听了这话觉得既受用，又有充分道理，不但没有处罚皇甫德参，还赏赐给他二十四绢。

由此可见，采取不卑不亢，既有礼貌，又能说清道理的态度，在处理人际关系方面，是多么的重要。当然，尊敬并不等于阿谀，阿谀是不讲原则，不看事实，只顾溜须拍马；而尊敬则主要是指态度上要有礼貌，言词上要有节制，但必要的原则和道理则还要坚持。

感情需用心经营才能长久

古人说："世事洞明皆学问，人情练达即文章。"，虽说人情不是万能的钥匙，但不懂人情是不可以的。因为，人情是无根的东西，想要固定它，必须牢牢地掌握它。通晓人情，就是要有一种设身处地，将心比心的情感体验的态度。从正面讲，就是要"己欲立而立人，己欲达而达人"。就好像肚子饿了要吃饭，应该想到别人肚子也饿了，也要吃饭；身上冷了要穿衣，应想到别人也与你一样。懂得这些，你就要"推食食人"、"解衣衣人"。

刘邦就知道这种道理，所以他在韩信眼中是个通情的人，并且刘邦还使韩信欠下自己的人情债不忍背叛。齐国人蒯通知道天下的胜负取决于韩信，就对他说："相你的'面'不过是个诸侯，相你的'背'，却是个大福大贵之人。当前，刘、项二王的命运都悬在你手上，你不如两方都不帮，与他们三分天下，以你的贤才，加上众多的兵力，还有强大的齐国，将来天下必定是你的。"

韩信说："汉王待我恩泽深厚，他的车让我坐，他的衣服让我穿，他的饭给我吃。我听说，坐人家的车要分担人家的灾难，穿人家的衣服要思虑人家的忧患，吃人家的饭要誓死为人家效力，我与汉王感情深厚，怎能为个人利益而背信弃义。"

过了几天，蒯通又去见韩信，告诉他时机失去了便不再来，韩信犹豫不决，只因汉王对他情深意重。

我们姑且不论刘邦以后如何处死了韩信，但就人情世故而言，刘邦很成功，他能令韩信在想到背叛时心中便产生了愧疚，不忍去做。

通晓人情从反面讲，就是要"己所不欲，勿施于人"。你爱面子，就别伤别人面子，你要尊重，就不能不尊重别人。"只许州官放火，不许百姓点灯"的事，也不是没有人做。

项羽就是其中之一。虽然他有"霸王"的美称，却只有霸者的习气，没有王者的风范。他自己想称王，却想不到手下的弟兄也想做官。该赐爵的时候，爵印就在他手中，棱角都磨损了，他还是舍不得颁发下去。因此，与其说项羽败给刘邦，还不如说他输给了人情。

其实，人情就是人缘。有人缘的人，会广交朋友也才会受人欢迎。话虽这么说，但人情的"通"，人缘的"有"，是不能靠守株待兔而得来的。天上不会掉下一张馅饼，而且刚好掉到你的嘴巴里。人情要去做。重视情感，不是谋划，也并非算计，这仅是交际的一种手段。因为欠了人情，别人必然会有回报。每个会做人的人，都会处在两种位置的角色上，不是别人欠你情，就是你欠别人的情，不存在谁算计谁的问题，因为中国人的关系就是靠人情的流动在相互维系着、进行着的。

"女为悦己者容，士为知己者死"，无一不是"感情效应"的结果。善于交际的人大都深知其中的奥妙，不失时机地付出廉价的感情投资，对于拉拢和控制别人往往能收到异乎寻常的效果。

韩非子在讲到驭臣之术时，只说到赏罚两个方面，这自然是最主要的手段，但却很不够，有时两句动情的话语，几滴伤心的眼泪往往比高官厚禄更能打动人。因此，感情投资，可谓一本万利，是一种最为高明的统治术。

有许多身居高位的大人物，会记得只见过一两次面的下属的名字，在电梯上或门口遇见时，点头微笑之余，叫出下属的名字，会令下属受宠若惊。可见，富有人情味的上司必能获得下属的忠心拥戴。

吴起是战国时期著名的军事家，他在担任魏军统帅时，与士卒同甘共苦，深受下层士兵的拥戴。当然，吴起这样做的目的是要让士兵在战场上为他卖命，多打胜仗。他的战功大了，爵禄自然也就高了。"一将成名万骨枯"！

有一次，一个士兵身上长了个脓疮，作为一军统帅的吴起，竟然亲自用嘴为士兵吸吮脓血，全军上下无不感动，而这个士兵的母亲得知这个消息时却哭了。

有人奇怪地问道："你的儿子不过是小小的兵卒，将军亲自为他吸脓疮，你为什么倒哭呢？你儿子能得到将军的厚爱，这是你家的福分哪！"这位母亲哭诉道："这哪里是爱我的儿子呀，分明是让我儿子为他卖命。想当初吴将军也曾为孩子的父亲吸脓血，结果打仗时，他父亲格外卖力，冲锋在前，终于战死沙场；现在他又这样对待我的儿子，看来这孩子也活不长了！"

人非草木，孰能无情，有了这样"爱兵如子"的统帅，部下能不尽心竭力、效命疆场吗？

作为上级，只有和下级搞好关系，赢得下级的拥戴，才能调动起下级的积极性，从而促使他们尽心尽力地工作。俗话说："将心比心"，你想要别人怎样对待自己，那么自己就要先那样对待别人，只有先付出爱和真情，才能收到一呼百应的效果。

如果你手中握有一定的实权，位高权大，一般说来，不需要别人的帮忙，当然也不欠别人的人情。但是，天下的事情那么多，并不是每一件事情你都愿意干、愿意出面、愿意插手，这就需要借助别人去干，在这种情况下感情投资就十分值得了。

[可争议但 不可争吵]

我们总是乐于和别人争论，以证明自己的正确和别人的错误，可是，争论最终达到这些目标了吗？十之八九，争论的结果会使对方比以前更相信自己是绝对正确。你赢不了争论。要是争论输了，当然你就输了；如果赢了，你还是输了。因为如果你的胜利，使对方的论点被攻击得千疮百孔，证明他一无是处，那又怎么样呢？你会觉得洋洋自得，而对方呢，会因你的正确或成功而自惭形秽，会认为你伤害了他的自尊心。因而，他即使口服，心里也并不服，反而怨恨你的胜利，记恨于你。

许多深谙人际交往之道的著名人士，都深深懂得这一道理。

美国历史上最伟大的人物之一本杰明·富兰克林说："如果你老是抬杠、反驳，也许偶尔也能获胜；但那是空洞的胜利，因为你永远得不到对方的好感。"

美国历史上另一位最伟大的总统、最具个人魅力的人亚伯拉罕·林肯也教育他的下属军官："任何决心有所成就的人，决不肯在私人争执上耗费时间。争执的后果不是我们所能承担得起的，因为其后果包括了发脾气，以及像酗酒者一样失去自制。要在跟别人拥有相等权力的事物上多让步一点；而那些显然是你对的事情就让步少一点。这就相当于，你在路上遇到一只恶犬，与其与狗争道，被它咬一口，倒不如让它先走。因为一旦被咬，就算宰了它，也治不好你被咬的伤。"

可是在现实生活中，喜欢执拗地与人争论的人却占绝大多数。

特别是有些人，喜欢抬杠，无论别人说什么，他总要加以反驳。你说是时，他一定要说不是；到你说不是时，他又说是了。这是最可怕的习惯，犯这种毛病的人很多，而且每每自己不知道。因为这些人不喜欢听取别人的意见，只瞧得起自己，认为自己比别人高明，事事要占上风。其实，即使真比别人高明，这种态度也是要不得的。

这种做法不为对方留一点余地，好像要把对方逼得无路可走，才觉得满意。也许你并没有想到这一层，但实际上你正在如此做。这种习惯会使你自绝一切的朋友和同事，没有一个人肯贡献你一点意见，更不敢向你进一步忠告了。也许你本来是一个很好的人，但不幸的是你有一点爱和人较劲的脾气，以致"众叛亲离"，成了"孤家寡人"，怎么办？

唯一的改善办法就是养成尊重别人的习惯。要知道，在日常的闲谈中，十有八九没有绝对是非的标准。你的意见不一定是对，而别人的意见不一定是错，把双方的总和再行分配，你至多只有一半正确的概率，而别人也一样。既然这样，你为什么每次都要反驳别人的意见呢？所以，我们要尽量避免争吵。可是，怎样才能使我们交谈中的不同意见不至成为争论的起因和主题呢？记住这句话，"当两个伙伴意见总是不同的时候，其中之一就不需要了。"如果有些地方你没有想到，而有人提出来的话，你就应该表示衷心地感谢。不同的意见，将会成为你避免重大错误的重要参考。

当有人提出不同意见的时候，你的第一反应自然是回击。所以，在回击之前，你要慎重考虑，并保持平静。你要小心你的直觉反应，它可能是你最差劲的地方，而不是最好的地方。

记住，你可以根据一个人在什么情况下会发脾气的情形，测定这个人的度量和成就究竟有多大。往往，脾气和后者是成反比的。

让你的反对者有说话的机会，让他们把话说完。不要抗争、防护或争辩，否则，只会增加彼此沟通的障碍。努力建立了解的桥梁，不要再加深误解。在你听完了反对者的话以后，首先去想你同意的意见。承认你的错误，并且老实地说出来，为你的错误道歉。这样可以有助于解除反对者的武装和减少他们的防卫。

同意要出自真心。有时，反对者的意见可能是对的，而同意考虑他们的意见就是比较明智的做法。如果等到反对者对你说："我们早就已经告诉过你了，可是你就是不听。"那你就难堪了。

在行动之前，问问自己：反对者的意见，可不可能是对的？还是至少有部分是对的？他们的立场或理由是不是有道理？我的反应到底是在解决问题还是只不过减轻一下自己的挫折感？我的反应令我的反对者远离我，还是亲近我？我的反应会导致别人对我怎样的评价？我将胜利还是失败？如果我胜利了，我是否要付出什么样的代价？如果我不说话，不同的意见会消失，还是会更强烈？……

最重要的是，记住提醒自己：从争论中获胜的唯一秘诀是避免争吵。

人脉广，人情也多，但别欠

俗语说得好："天上下雨地下滑，自己跌倒自己爬，亲戚朋友拉一把，酒还酒来茶还茶。"人情之道尽在其中。当然，友情是无需偿还的奉献，而人情却是债，是你予我半斤我必须还八两的往来账，即使当时不能兑现，日后有条件了一定要加倍偿还。

被后人看作"商圣"的胡雪岩，其经商哲学是"多个朋友多条路，多个仇人多堵墙"。

有一次，胡雪岩在街上结识了一位落魄文人王有龄。王有龄是官宦世家，但到他父亲时，家道中落。为替祖上"争气"王家变卖了所有家当，为王有龄捐了个"盐大使"的虚衔。王有龄是个有知识、遇事有见地的人，言谈高雅，出口成章。胡雪岩觉得他是个人才，王有龄也佩服胡雪岩的机灵干练。不久，两人以兄弟相称。

为了让王有龄尽快得到官方的重用，胡雪岩将一笔他讨回的"死账"——500两银子交给王有龄，对他说："看你不是个平庸之辈，祝你早日入仕，不愁没有归还之日。"

王有龄凭着这笔钱，"启动"了一个个"关节"，很快就被安排在浙江省海运局当"坐办"——此官不大，但年收入较高。他听信胡雪岩的话将挣来的钱再投入到"打通关节"上，不久又被安排做"湖州知府"。

王有龄出于对胡雪岩的感激，将他在工作中涉及到的所有钱粮之事，一律交给胡雪岩承办。胡雪岩也因此为钱庄老板挣了不少好处。

胡雪岩到钱庄工作的第8年，钱庄老板突然去世。老板因为没有儿子，临终时留下"遗嘱"，将钱庄所有财产赠予胡雪岩。一夜之间，胡雪岩变成了"老板"。有了钱庄，又有了官场上的支持，胡雪岩的生意越做越顺，越做越大。

在这个故事中，人人都赞叹胡雪岩的慧眼识英雄，但我却更加敬佩王有龄的知恩图报。王有龄显然也是一个人脉高手，他深知人情债的重要性。当自己一旦发达了，首先想到了就是偿还胡雪岩的人情之债，所以他们的交情才能更加持久、稳固。

如今，朋友的含义早已变得宽泛，每个人的朋友都是以圈儿划定：如同学圈儿、战友圈儿、生意圈儿等等。朋友有期：有的可终生交往，有的则是阶段性的；朋友有别：逆耳相言的畏友（诤友），贴心落意的密友，声色犬马的缅友，互用互防的贼友，都可以存在。因此，朋友不仅是书，还是衣装，是餐饭，是四季……都能在各方面给你帮助。

于是，有了朋友，你的衣食住行都能得到实惠。

1. 朋友就像你各个时期，不同场合穿着不同的衣装

有的朋友是婚纱，只有短暂的接触却得以最高的辉煌；有的朋友是西装，只能体面地与你同享风光，却不能与你完成日常的琐碎，倘若穿着西装去下厨抗煤气罐，不仅毁了衣服，也会因袖窄腰瘦事倍功半；有的朋友是便装，虽不能与你共入大雅之堂，却可以在日常生活中给你很多实实在在的帮助。

2. 朋友又像你餐桌上的饭菜

餐饭有家常饭，有聚餐，有宴会。朋友有实用朋友，有精神朋友和心灵朋友。友有三千六，各有用不同。有的可以同享快乐，有的可以共渡难关。家常饭是日常朋友，聚餐是精神朋友，宴会是高境界，是人海茫茫两无知的朋友。

餐饭品的是味道，人也有味儿，无论男人和女人。大荤大菜看上去好，却不是每个人都能消受得了的。肥油烂肉，有的人看了就腻饱无欲，有的人却非此不能过瘾。粗茶淡饭，有的人难以下咽，有人却吃得津津有味：舔一口盐粒儿饮一口老酒，可是怎样的境界！也有的人入口皆是饭，结果闹得翻肠搅肚苦不堪言。

3. 朋友是路。不仅路边的四季风光让你耳目一新，还会脚踏实地帮你解决问题

见多识广、手眼通天的朋友，无异于一条通天大路，有时候一个电话，一纸便签，就帮了你的大忙。他可以帮你分析事理拿定方向，为你疏通打点，让你的

生活如期登程按时到站。

而那些老实厚道、能量不大的朋友，也可以是曲径通幽的小路。这些小路幽静安谧，不会给你旷远通达的敞亮，却会让你放松安歇。在人生之旅中帮你跑腿担担，急时喊来看门护院。还有一种没这些实用之需，却在你心意烦乱时陪你神侃，带你逛店走街，酒吧里坐坐迪厅里蹦蹦的朋友，似山中林间的曲曲小径，让你神清气爽。

4. 朋友也是可以以四季来划分的

性格亮丽阳光的，给你打开一扇春的窗口；性情热烈奔放的，引你溶入夏的缤纷；脾性沉稳笃实的，让你领略秋的实在；骨子里就冷峻坚毅的，带你一览冬的刚强。

把朋友如此比喻似乎亵渎了朋友二字，但事实就是如此，谁也不必忌讳。亲戚有远近，朋友有厚薄。严格讲，朋友应是双方不以功利为目的偏重情感需求的自然接纳，类似钟子期俞伯牙样儿的一曲绝天下的形式，而那种带有功利意思的密切交往只能叫伙伴……就叫它朋友吧，也没什么不好。朋友是财富，他们带给你的帮助足以让你受用一生。那么，我们怎样才能获得朋友的认可与帮助呢？

首先，不要坑害朋友。朋友其实是最容易被坑害的，会因为信任而对你放松警惕，所以你要坑害他，很容易设下圈套。但受骗只会一次，你会因此而失去一位朋友，失去一条财路。而且你会失去圈子里的名声和信念，那才叫得不偿失，到时你会后悔不迭。

其次，对朋友一定要宽容。就是要记住别人对你的帮助，忘记别人对你的伤害。

有这样一则笑话：

有一次，刘关张三人一起去贩卖草席。三人经过一处山谷时，刘备一失足滑了下去，幸而关云长拼命拉住他，才将他救起，刘备于是跑到高处，在一块大石头上用宝剑刻下这样一行字："某年某月某日云长救玄德一命。"

三人边走边卖草席，就来到一处河边，张飞跟刘备为了一个铜板吵了起来，张飞一气之下打了刘备一耳光。刘备就跑到沙滩上写下："某年某月某日翼德打了玄德一耳光。"

后来曹操听说了这件事，就在煮酒论英雄的时候问刘备，为什么要把关羽救他的事刻在石头上，将张飞打他的事写在沙滩上？刘备回答说："我永远感激关羽救我，至于张飞打我的事，写沙滩上，很快会被海浪冲刷得一干二净。"

曹操哈哈大笑："今天下英雄，惟使君与操耳。"

虽是笑话，其中的道理却令人回味无穷。

最后，还要加强沟通。

沟通是一种容易被人忽视的能力。可能你具备了很强的能力，但千万不能恃才傲物，把朋友、同事、同行都看扁了。要知道，别人的认可与帮助，有时能改变一个人的命运，给你带来意想不到的财富。还有就是：许下承诺并信守承诺，你将赢得对他人的影响力，以及圈子里人的信任、切莫做出无法达成的承诺。

友情也好，人情也罢，都是因需要而存在。有道是"多一个朋友多一条路"，多结交一些朋友，多赚取一些人情，对你的人生总没有坏处。所以说，做人最重要的是要广结人缘，高质量的朋友多，说明你做人是成功的，反之则是失败的。

少一些敌人，
多一些朋友

罗伯特·清崎在他的《富爸爸，穷爸爸》中写道："我富有的父亲说：如果你想做一名成功的生意人，人际关系是你最重要的技巧。他还说：如果你想在生意中成功，你应该不懈地学习和提高自己的人际关系技巧。"

如果你的人脉正在不断流失，你一定要尽快找到其中的原因，并且想尽办法去挽救。比如说，你和朋友的关系变得恶劣了，这时候你不要坐以待毙，一定要有所行动。下面这个例子，就是一个非常成功的典型。

从前，在苏伯比亚小镇有两个邻居，分别叫乔治和吉姆。他们的关系很糟糕，虽然谁也记不清到底是为什么，但就是彼此不睦。他们只知道不喜欢对方，这个原因就足够了，所以二人时有口角发生。尽管在后院除草时，他们的除草机经常碰到一起，但多数情况下双方连招呼也不打。

有一年夏天，乔治和妻子外出度假。一开始，吉姆和妻子并未注意到他们走了。也是，他们注意这干什么？除了口角之外，他们相互间很少说话。

但是一天傍晚，吉姆在自家院子除过草后，注意到乔治家的草已很高了。特别是自家草坪刚刚除过草，对比之下，乔治家的疯长的草坪特别显眼。对开车过往的人来说，乔治和妻子显然是不在家，而且已离开很久了。

吉姆想，这等于公开邀请夜盗入户，这想法像闪电一样攫住了他。"我又一次看看那高高的草坪，心里真不愿去帮我不喜欢的人。"吉姆说，"不管我多想从脑子里抹去这种想法，但去帮忙的想法却挥之不去。第二天早晨吉姆就把那块长疯了的草坪除好了！"

半个月之后，乔治和妻子回来了。他们回来不久，吉姆就看见乔治在街上走来走去。他在整个街区每所房子前都停留过。最后他敲了吉姆的门，吉姆开门时，他站在那儿正盯着吉姆，脸上露出奇怪和不解的表情。

过了很久，他才说话，"吉姆，你帮我除草了？"这是他很久以来第一次叫我吉姆。他接着说，"我问了所有的人，他们都没除。杰克说是你干的，是真的吗？是你除的吗？"他的语气几乎是在责备。

"是的，乔治，是我除的。"吉姆说，几乎是挑战性地，因为吉姆等着他为了我除他的草而大发雷霆。

他犹豫了片刻，像是在考虑要说什么。最后，他用低得几乎听不见的声音嘟嚷说谢谢之后，急转身马上走开了。

乔治和吉姆之间就这样打破了沉默。虽然，他们还没发展到在一起打高尔夫球或保龄球，他们的妻子也没有为了互相借点糖或是闲聊而频繁地走动。但他们的关系却在改善。至少除草机开过的时候他们相互间有了笑容，有时甚至说一声"你好"。先前他们后院的战场现在变成了非军事区。也许有一天他们甚或会分享同一杯咖啡。

与其多一个敌人，为什么不能化敌为友，多交一个朋友呢？很多时候，多一个朋友，不仅仅是多一条路那么简单，有时甚至会让你有着意想不到的惊喜。而多一个敌人，也不仅仅是多一堵墙那么简单，有时甚至会因此毁掉你的一生。

诚意待人，
不出恶言

什么叫"君子之交决不出恶声"呢？它的意思是说，在这个世界上与人亲密交往时，需诚意待人，纵使交恶断绝往来，也不可出恶言，说对方的不是。一个有处世经验的人，无论持何种理由，即使中断来往，也不会口出恶声，诽谤对方。这是因为：首先，倘若说了绝交者的坏话，等于承认自己识人不清，有眼无珠。其次，说他人坏话，诽谤他人，对方终究会有所耳闻，也会将对自己的怨恨一并发泄。

现实生活中有些人择友漫无目的，只要在一起饮酒，便掏心剖肚地推心置腹，可谓酒肉朋友。这种关系往往靠不住。一旦遇事翻脸，立即口出恶语，互相谩骂不休。这实在太幼稚无知了。须知，道人之短者除了对自己名声不利外，是捞不到任何好处的。所以，交友时一定要慎重，绝交了也不要恶语谤人。否则谁还敢接近你呢？

生活中"多个朋友多条道，多个敌人多堵墙"，这个道理是无所不在的。树敌过多，不仅会使人在生活中迈不开步，即使是正常的工作，也会遇到种种不应有的麻烦。

要避免树敌，你首先要养成这么一个习惯，那就是绝不要去指责别人。指责是对人自尊心的一种伤害，它只能促使对方起来维护他的荣誉，为自己辩解，即使当时不能，他也会记下你的一箭之仇，日后寻机报复。

假如由于你的过失而伤害了别人，你得及时向人道歉，这样的举动可以化敌为友，彻底消除对方的敌意。说不定你们会相处得更好。"不打不相识"这一民谚就包含了这一哲理，既然得罪了别人。当时你自己一定得到某种"发泄"，与其等待别人"回泄"——不知何时飞出一支暗箭，远不如主动上前致意，以便尽释前嫌。

为了避免树敌，还有一点需要注意，这就是与人争吵时不要非占上风不可。

实际上，争吵中没有胜利者，即使是口头胜利。但与此同时，你又树立了一个对你心怀怨恨的敌人。争吵总有一定原因，总有一定的目的。如果你想使问题得到解决，就绝不要采取争吵的方式。

争吵除会使人结怨树敌，在公众面前破坏自己温文尔雅的形象外，没有丝毫的作用。如果只是日常生活中观点不同而引致的争论，就更应避免争个高低。如果你一面公开提出自己的主张，一面又对所有不同的意见进行抨击，那可是太不明智了，几乎等于把自己孤立起来。因为辩论而伤害别人的自尊心，结怨于人，既不利己，还有碍于人而使自己树敌，实在是不足取。

汉朝初年，直不疑被晋升，有人嫉妒他，诋毁说："听说此人和他的嫂子私通。"这句谣言不久就传到直不疑的耳朵里。事实上，直不疑并没有哥哥，根本不可能和什么嫂子私通的。但是，直不疑并没有站出来，在大庭广众之下举证辟谣。因为，那样听到他辟谣的人毕竟是少数，再者，造谣者一计不成，还会造其他谣言的，他只是自言自语地说了一句："我根本没有哥哥，怎么会……"对于谣言，你越争辩反而传播得越快，越是用权力、武力压制，就越会显得神秘而真实。直不疑对中伤根本不予理睬，反而很快就止住了中伤。

直不疑和几个人住在一起时，同屋的一个人假期回家错拿了另一个同僚的钱。这个人发现钱没了后，怀疑是直不疑偷的。直不疑不仅道了歉，还赔了钱。事过不久，那人从老家回来，把拿错了的钱如数还给了失主。那个曾怀疑过直不疑的丢钱人，觉得自己如此草率很不好意思。这件事后，"直不疑是个了不起的人物"，这种评价很快就传开了。

直不疑就是用这种不是策略的策略在激烈的官场旋涡中周旋，一直升到了御史大夫。直不疑的为人处世之道，放在今天仍然有着非常重要的现实意义。对于他人明显的谬误，你最好不要直接纠正，否则好像是故意要显得你高明，因而又伤了别人的自尊心。在生活中一定要记住，凡非原则之争，要多给对方以取胜的机会，这样不仅可以避免树敌，而且也许可使对方的某种"报复"得到满足，可以"以爱消恨"。

修养是建立
人脉资源的基础

———●———

3

一个人言谈举止如果不讲究，

粗话连篇、不懂礼貌，

就会让人觉得没有素质，

这样的人一般是交不到什么高素质朋友的。

人人都喜欢与那些有修养、有文化的人交往，

如果你不具备这一点，

很容易把有价值的人脉资源拒之门外。

真诚地
诉说和倾听

从小我们就被教育，对于他人的招呼和问候不理不睬，是一种失礼的表现。但在社会生活中，偏偏有一种人不懂得回应他人。或许有的人认为这是无关痛痒之事，不足挂齿。然而，这对于主动打招呼的人来说，却是极大的伤害甚至是侮辱。他可能会猜忌、怀疑、感觉不舒坦，也可能会很气愤，但最难以忍受的是被忽略的痛苦。

想想看，如先打招呼的是你的上级，你不理，他便有可能认为你散漫、慵懒、傲慢、无礼等等。在下属的心里或许认为，只要自己认真、本分、尽责、努力干工作，无愧于心就行了，何必做表面功夫？如果是下属先打招呼，便会认为那些不理不睬的上级是不是对自己的为人和工作态度有什么不满的地方，自己有没有做错什么事，搞得部下惶惶不安，甚至还会使部下产生有什么了不起、摆什么臭架子的逆反想法。这种忽略回应所造成的影响和隔阂，实际上比我们所能想象的还要深远、严重。

"张先生！张先生！张——先——生——！"有些人对于他人的呼唤不应不答，而采取"以行动证明一切"的态度，默不作声地突然出现。"我在叫你，你没听见吗？""我这不是来了吗！"这种态度实在值得这位张先生好好地检讨检讨，既然自己听到别人的呼唤了，却不理不睬，这不是明明白白地告诉别人，不愿意答理打招呼的人而采取的消极态度，即便是被认为是一种排斥行为，也未尝不可。

另外，和朋友交谈的时候一定要集中注意力。有的人一会儿翻手中文件，一会看手机短信，这样朋友会认为你对他的事儿一点都不关心，也就感到没有倾诉的必要，这对朋友是一个打击。聆听时，所做出的反应，往往表现在表情上，如朋友向你倾诉的是他的喜事，你的表情为惊奇、微笑等，这样朋友会感到你在分享他的快乐；如朋友向你倾诉的是烦恼的事情。你的眼神表现出的是同情，并频频点头表示理解，这样朋友会像泉水喷涌般地把要谈的话倾诉给你，从而情绪得到宜泄。加之，你在聆听之后，如是喜事，表示祝贺；如是烦恼之事，加以劝导，这样，你就出色地完成了任务，朋友也会满意而归。

朋友找你倾诉，实在是你的荣幸，你应该全力以赴做好。现在有许多直拨热线，这种形式很受听众的欢迎，效果不错，给一些听众特别是给那些在生活工作中遇到困难和挫折的听众提供了倾诉的机会。听众在心理上把节目主持人当成了知心朋友，有什么困难，有什么知心话儿愿意通过热线向主持人倾诉，有的希望从中得到慰藉，有的希望从中重新燃起生活的勇气……这对主持人提出了更高的要求，必须有渊博的知识和高超的谈话技巧。倾诉人虽然看不到主持人的表情，但主持人须通过应答来体现"聆听"，如果倾诉人说了半天，而你一点反应也没有，恐怕你的主持艺术值得怀疑了。

还有一种情况，倾诉人很想向你倾诉，可有时苦于无从开口，那你就应开导他，为他创造一个轻松的谈话环境。正如韩非子所说：如果要听对方的意见，应该以轻松的态度来交谈。我们可以从旁引导，让对方有多开口说话的机会，对方肯定说出他的意见，我们就能根据他的意见，去分析透视他的心意。我们要做的是让朋友痛痛快快地把话说出来，因此必要时，我们应先开口把对方诱导到知无不言、言无不尽的境地。

用心记住
他人的名字

　　对我们多数人来说，别人的名字是无关紧要的，因此也不会去记住别人的名字，当然也就很容易忘掉别人的名字。不少人以为，这是很正常而且是理所当然的事。多数人觉得，为了记住一个人的名字而煞费精神是一种精力的浪费，实在划不来。

　　以前，我也曾作如是想，认为别人的名字，对自己没什么用处。然而生活一次又一次地告诉我，记住别人的名字，是何等重要的一件事。

　　让我们想想，多数人对他人的名字毫不关心。但是一提到自己的名字，却是十分地注意。

　　当我们到名山大川，古迹胜地去旅行时。经常可以看到树干上、石块上，甚至是墙壁上刻有许多人的名字。这种现象说明了人们对自己的名字是如何的喜好。捐款给寺庙之人，他们的名字都会按着捐款金额的多寡顺序刻在捐献物上，多数人不堪自己的名字敬陪末席，所以便打肿脸充胖子，多捐一些钱，为让自己的名字排在前面一点。这也说明了人们对自己的名字是何等的关心与在意。

　　如果有人认为名字只不过是一种代表符号而已，不值重视。那么我们不妨回想一下，当你向报刊杂志投稿时，你一拿到这些报刊，最先寻找的是不是自己的名字？就算是你的名字是以极小的铅字排印出来，需用放大镜才能找到，你也不会放过，甚至会极其珍惜地把它剪存起来。这实在是一个不可思议的事。我们对于自己名字的爱恋和关心，不独是有生之年，就是在我们颐养天年之后，还要在墓碑上刻下自己的名字。

　　如果有人把你的名字写在地上，或有人践踏了写着你名字的一张纸，你是否会勃然大怒或心生不快呢？

　　由上述的事例，我们设身处地地想想：记住他人的名字，并且很亲切地招呼他，不但能表示你对他关心的程度，而且也会有令对方感到喜悦及被重视的感觉。

对任何人来说，与自己关系最密切的，莫过于自己的名字。因此世界上最重要的语言文字，也就是自己的名字。如果别人忘掉了你的名字，那该是多么令人不快的一件事。对那善忘的人，你又怎么能产生亲切的好感呢？

"你好！很久不见，你上哪去？"

有人如此向你招呼，你当然十分高兴。但是如果他接着问：

"对了！你贵姓……"

这是一件多么令人扫兴的事，刚才的喜悦倾刻变成了一肚子的气愤，心里难免会想：这家伙真可恶，连人家的名字都忘了，还说什么好久不见。

周恩来能叫出几十年前相识者的姓名。他可以说是记人名的专家。

1971年4月的一天下午，当时闻名中外的"乒乓外交"在总理的安排下，紧张而又热烈地进行着。这天下午。周恩来面带微笑地在人民大会堂东大厅会见美国乒乓球代表团。随团采访的美联社驻东京记者罗德里克在周恩来总理来到美国代表团座席跟前时，耍了一个花招，以一种弯腰的姿势，有意识引起周恩来注意。罗德里克在20世纪40年代访问延安时，曾与周恩来见过面。

素以惊人的记忆力著称的周恩来，马上认出了罗德里克，走过去首先跟罗德里克握手："这不是罗德里克先生吗？我们好久没见面了。"

两人紧紧地握手。56岁的罗德里克为周恩来相隔多年还认识自己并十分准确地叫出他的名字，非常感动，紧握着周总理的手直摇。周总理盯着他："我记得你在1946年访问延安时，还是个青年……"这一会见小花絮，后来被罗德里克等西方记者渲染得全球皆知。

美国的钢铁大王卡内基，从小就显示出其组织、领导才能。十岁时，他就懂得一个人的名字与他自己有着微妙而不寻常的关系。他便用人们的这种心理，获得很多人的协助，而成就了不凡的事业。下面的故事便是其中的一则：

少年时代的卡内基，有一天抓到了一只母兔，它不久便生了一窝小兔子，饲料因而不够食用，卡内基如何处理呢？他一点也不头痛，他的脑海里早有了很美妙的构想。他把邻近的孩子们集合起来宣布：谁能拔最多的草来喂小兔子，就以他的名字给小兔子命名，于是孩子们都争先恐后地为小兔子寻找饲料，卡内基的计划顺利地实现了，他始终没有忘记这一次的成功。

终其一生，他就是利用人们的这种心理而成功地领导着许许多多的人。

不仅是钢铁大王卡内基，凡是功成名就的人，都知道记住别人的名字，将会给自己的人生带来莫大的助益。他们了解，掌握人心之法并不在于很深的理论，而是在于记住别人的名字，并且亲切地招呼，如此而已。

上海外滩闹市区，有一家餐馆，每天顾客盈门，座无虚席。有一天，一位记者光顾了那家餐馆问道：

"你们的生意如此兴隆，是不是有什么秘诀呢？"

这家个体餐馆的女老板说：

"记住客人的名字，客人一进门，马上叫出他的名字！"

就是这么简单的一句话，女主人却费了一番苦心。因为她了解名字对一个人而言，是多么悦耳的声音，所以她一直未曾忽略记住别人名字的努力，只要是常来的主顾，她就一定要设法记住他们的名字。她经营的餐馆，也因此而办得日益红火。

作为一家餐馆，每天顾客熙来攘往。要牢记顾客每个人的名字，实非易事。女老板是如何努力做到这件事的呢？

她向所有第一次光顾的客人索取名片，然后在名片的背后。记载此人的容貌、特征，以及某月某日和哪一位客人来店的简单事项。待餐馆打烊后，女老板再把名片一张张地审视，在脑海中努力地把客人的名字与容貌联系起来。如此地日积月累，凡是第二次上门的客人，她大都能立即喊出他们的名字，这样一来，往往使顾客感到又惊又喜，心里出现一种暖洋洋的感觉。以后有机会，便会再次光顾。

迅速而正确地喊出别人的名字，正表示出你对他的关心是多么的深切。被我们所关怀的人的名字当然不会忘记，越不被关心的人，他的名字就越容易忘掉，所以当我们忘了一个人的名字时，就等于坦白地表示：我毫不关心你。这时候，你再想用其他的言语来解释你的疏忽，都已为时晚矣！

多数人解释，他们实在太忙了，以致没有时间去记住他人的名字。这些全是借口。如果明白记住别人名字的重要性，就不会以此为理由。试想读书求学的时代，如果一位教你不久的老师，忽然叫出你的名字，那时你心中将是多么的高兴！如果一位交往不深的人，突然在路旁喊你的名字，你对他的感情将会有什么变化呢？很亲切地说出别人的名字，将会消融彼此间的隔阂，就是只有一面之缘的人，也会让人亲切地觉得有如深交多年的老友！

[设身处地
为他人着想]

　　任何一个人，都有他独特的优点，但是在漠不关心的态度下。却无法发现他人的任何优点，必须具有衷心真诚地关怀态度，才可能了解他人的长处，也才能欣然愉快地接受他人的优点。

　　记得一位处世大师曾在他的一本著作的前言中说过这样一段话：希望获得别人的喜爱，其实不必特地阅读此书，只要向世界上最优于此道的高手学习就可以了。这位高手是谁——每天我们都能在街头巷尾遇到这位高手，我们经过时，它就会向你摇头摆尾，当我们停下来，摸摸它的头，它更是不顾一切似的，对你表示友善。它并不是有什么阴谋才做如此亲热的表示，它并不是想把土地或房子卖给你，也不想要你向它求婚，它连一丝野心都没有——狗儿们未曾读过心理学，却凭着它们不可思议的本能而获悉：与其千方百计地引人关心，不如对别人寄以纯粹的关心，如此才能获得更多的知己。请允许我再重复一遍："要想获得别人的友情，与其引起他的关心，不如对他人寄以纯粹的关心……"

　　这一段话足以发人深省，我们从中可以学到一点：世界上大多数的人，为了获得别人的喜爱而作了错误的努力，然而他们并没有发现自己的错误。从根本上来说，人类在努力希望别人喜爱他之前，应该先努力地去喜欢别人。

　　"为什么别人会讨厌我？"在如此叹息之前，你实在应该先反省："我是不是讨厌别人？"凡是不关心别人的人，别人自然不会关心他。因此他就只能拥有孤寂冷漠的人生：不仅如此，它还会给别人带来许多的麻烦，令人不愉快。

　　我们常说，只要看看他的作品，就知道作者是否具有爱人的胸襟。对于人类抱有深切关怀的人，他的作品。每一个篇章都必定能打动读者的心弦，字里行间自然地流露出无尽的爱。我们可以透过作品感受到作者温暖的心怀，进而对他产生一股仰慕之情。如果有一位讨厌大众的作者，无论如何，我们也不会喜欢他的作品。

说话和写作道理相同，如果我们所说的话是表示对对方无限的关怀，相信这一段话一定能打动听者的心弦。至于说话的巧拙，倒在其次了。说话的人不论是如何地伶牙利齿，说得头头是道，但却不表示对对方的关心，那么对方也不会关心你说的话。我们仔细想想，自己寄以无限善意关心的人，是以何种态度来回报我们？再想想，自己毫不关心的人，又是以何种态度来对待我们呢？

有时候单位的同事到美发厅新烫了头发，的确是容光焕发，年青了不少，但是作为同事却一点也没有注意，或是看到了，却全然无动于衷。同事问：

"你看我的这个新发型如何？"

这时候，作为同事的你，对她的发型不一定有何看法，也许你会说："原来你又到美发厅去了，花了多少钱哪？"

说出这种话该是多么令人扫兴，这叫做完全以自我为中心的关心表示法，是很不得人心的。在现实生活中，你可千万别这样说话。

种种研究表明，成功的关键在于，只要我们表示由衷地关心，再忙碌的人也会注意到我们，肯为你拨出宝贵的时间，善意地与我们合作。

卡耐基把曾经与自己有过一面之交的人的生日，记载在一本小册子里，每当新年换日历时，就把那些人的生日转记在桌历上，当这些人过生日时，都会获得他的热情贺电。他说过："曾经有许多次，全世界只有我一个人记得某人的生日。"这是一种非常有效的获得友谊的办法。我们都可以立即学习运用，任何人都可以循此办法而获得别人的喜爱。

表示关心的方法非常多，但是说一句充满关怀之意的话语，往往是最直接有效的。绝对没有不吸引人的道理。我们必须认真而诚意地思考，应该关心别人什么呢？当你的朋友系了一条漂亮的领带，关心可从他的领带说起，只要你说："哦！你今天系的这条领带蛮洒脱的！"对方一定会得意而满足地说："我的眼光不错吧！"

无论什么事情，我们都不愿意经过自己所讨厌人的手，举个最浅显的例子：如果我们居住地邻近的便利店的营业员，待客并不诚恳，我们便宁可多走一段路，到较远的便利店去买。由此看来，我们与别人相处成功与否的关键，在于获得别人的喜欢，那么第一阶段的先决条件，就是如何对别人表示温暖的关心。

如此去做，你的同事一定会对你平添几分好感。也会很愿意地听你把所要说的话说下去。因此，大多数处世的老手，都很乐意为同事和朋友做些零碎的事，从而博得对方的好感，一旦建立起良好的关系，就是长久友好相处也绝对不成问题，这种情形并不限于同事朋友间，在社会生活的每个角落，与所有的人接触，都是如此。

"我们对于向我们表示关心的人，同样抱有同等的关心。"

我们应该深刻细致地思考这句话的涵义，如果希望别人喜欢你。你就必须对人寄以真诚的关心。

多说好话
益处多

人人都愿意听恭维话，这是人之常情。下面有一则笑话：

阎王在古时候被人们奉为地狱大法官，具有极高的权威。

有一天，阎王突然心血来潮，命令殿中的小鬼说："你到人间去把那些花言巧语、善弄唇舌的人抓来，我要把他们放在油锅里炸死；这种人在世上不务正业，成天花言巧语地去煽动别人，使得许许多多的人迷失本性，误入歧途……好吧！你现在可以去了。"小鬼赶忙应了一声："是！"就离开地狱，向人间出发了。过了一会儿，小鬼抓回来一个男人，阎王说："怎么这么快！你没抓错人吧？"小鬼连忙回答道："怎么会弄错呢？这种人实在太多了，随便一抓就可以抓到，大人若是不信，可以查问他看看。"当阎王开始审问那个男人时，不小心放了一个响屁，臭气冲天，那个男人灵机一动，很快地走到阎王面前，恭恭敬敬地向他鞠了一个躬说："噢！大王的屁响得多么美妙啊！听起来好比是一首优美的乐章，同时还有麝香和兰花的芬芳。"阎王听了，心里非常高兴，就说："嗯！只有你才了解神体的尊重，我应该赦免你。喂！小鬼，把这个男人带到内殿去，好好地招待他。"

那个男人跟小鬼后面边走边说："你的相貌不凡，仪表也与众不同，你头上的两只角弯弯的像月亮一样光滑美丽。还有你那闪着光辉的眼睛有如碧空里的两颗星。啊！你将来一定会大富大贵！"小鬼听了就停住脚说："大王吩咐他们准备筵席，还需要一段时间才能准备好，你先到我们家喝杯茶，休息一会好吗？"

这人拍马屁的功夫，超出了说一般恭维话的标准。这则笑话从另一个角度说明了，每个人都有骄矜的心理，就连阎王、小鬼也都喜欢听恭维话，被抓去的那个人因为说了些恭维话，不但没有受到惩罚，反而受到优厚待遇。

中国人不习惯当面说人家好话。譬如不好对一个姑娘说："你真美。"听的人也常故作谦虚。人家说："你这身衣服很好看。"他会回答："咳，穷人吃不起二两肉，这身衣服也扎人家的眼睛。"

另一方面，有的人在某些场合，阿谀奉承，拍马溜须竟然是一点儿也不脸红。

我们希望培养成一种是好说好，是坏说坏的公正坦率的社交态度。

鉴于此，我们对别人进行好的评价，用语特别要恰当，一不能被人看成是讨好巴结，二不能被误解为别有用心。

人人都爱恭维，只要你的恭维话有分寸。不流于谄媚，你就尽情运用，因为这样可以使朋友高兴，友谊不断加深，而双方都没有损失什么。

[得体的举止 有助沟通]

在商务社交时如果能做到恰到好处的举止，将有助于你更好地与人沟通，促成生意。如何才能做到你的一举一动恰到好处呢？以下要诀供你参考：

1. 手的动作

推销员在推销时，身体语言中手的作用最为重要，若能善于利用手势，则必能提高推销的效果。

多数推销员向客户作说明时，皆以手背朝上的姿势指引客户观看目录或说明书，这种手势相当不妥，因为这样做就好像有所隐瞒。对推销员来说，给对方看手掌就表示坦白，因此，手指目录或说明书时，应当手掌朝上方为正确。而如果指小的东西或细微之处，就用食指指出，且亦手掌朝上较好。

此外，为客户带路时，要说："请这边走。"指远处时，就说："在那一边。"另外，在商谈中，假如对方说："喂，别那么小气，打五折嘛！"你回答："那怎么行，要是这种价钱干脆我向你买好了！"也是张开双手给对方看。同时做到：拇指轻轻向内弯曲。以整个身体说话。眼睛视线向下，或东张西望都是很失礼的行为，正确的方法是：与男性商谈时，视线的焦点要放在对方的鼻子附近；如果对方是已婚女性，就注视对方的嘴巴；假如是未婚小姐，则看着对方的下巴。视线范围亦可扩大至对方的耳朵及领结附近。聆听或说话时，可偶尔注视对方的眼睛。若把自己双眼视线放在对方的一只眼睛上，就会使对方产生柔和的感觉。

2. 坐有坐相

当客户请你坐椅子时，记得要先说一句：谢谢！再坐下。坐椅子时，要坐满整个椅面，但背部不可靠着椅背，应采取稍微前倾的姿势。如此坐法是为了将身体向前倾，以表示对谈话内容的肯定，另一方面能起到催眠的作用，让买方下决心与你签约成交。膝盖张开约一个拳头的距离，切勿像女性一般将双腿并拢。坐沙发时，要坐前一点，不可靠着沙发背，且身体须稍微前倾。如果靠住椅背，身体就会向后倾斜，致使下巴抬高，如此便易于让对方看出自己的想法，应多加注意。

3. 站有站相

立正时，把脚交叉在前，轻轻握拳于体侧，或双手交叉在背后双脚平行地分立等，这些都不是立正的正确方法。此外，立正的时候，紧张且用力地缩紧下巴也不好，那么，下巴究竟要缩紧多少才好呢？欲作此判断只需使视线成水平直线即可。

4. 与客户的距离

与人进行商谈时，双方应保持多少距离才是最佳的呢？双方均站着时，保持彼此都伸出胳臂能碰触的距离即可。对方若坐着，就要比双方都站立时接近约半条手臂的距离。双方均坐着而无桌子间隔时，可以接近至大约一条手臂的距离。与对方之间有桌子间隔时，如果是个大桌子，在桌子和对方之间，可接近至一个拳头的距离。在大桌子上向对方展示说明书或商品目录时，要将这些东西拿到对方易于阅览的地方，若有必要则须以半起的姿势欠身向对方作说明。

在结束商谈的最后阶段或作特别请求时，要起身接近对方至彼此脸的距离50厘米的地方，看着对方的眼睛说话。

5. 名片的递交法

初次见面，互通姓名后接着就是交换名片，下列各点即为交换名片时所应注意的事项。名片夹因为可使用很久，所以尽量购买品质良好的。切勿将名片放入或夹进车票夹、小笔记本中。名片夹要放置于西服上衣内袋，而非裤子口袋。彼此交换名片时，左手递上自己的名片，然后右手收取对方名片。坐在椅子上时，要把对方名片端庄地放在自己名片夹内。不易念的姓名要向对方问清楚。对方有两个人以上时，可将名片按照顺序排好，再按顺序商谈。结束商谈后将置于桌上的名片收起，向对方轻轻点头致意后告辞。

[不做这 八种商人]

1. 死板、性格不开朗

性格不开朗的人让人觉得死气沉沉，没有朝气，一副阴郁的样子。客户一看就扫兴，心情也会随之阴郁起来，在这种心理状态下，他是不会产生买你商品的念头的。在开拓市场过程中，面对众多客户往往要作多遍自我介绍，在这种情况下，客户会厌恶地说："又是这小子，像人欠他多少钱似的。"阴郁性格的人，在生意场中是不受欢迎的。

有的人说话声音太小，像蚊子叫，说出的话对客户没有一点感染力，这样往往会使生意泡汤。应养成大声说话的习惯，当然，不能矫枉过正，变成大吼大叫。

2. 过于拘谨

过于拘谨虽算不上是什么令人讨厌的缺点，但在当今激烈的市场竞争中，它也绝不是什么优秀的品质。

这种人往往会引起客户的不信任或瞧不起，因此很难把事业发展得很好。

3. 轻率

说话太轻率的人，各种话语随口而出，是很容易出差错的。因为这种人话说出口时，自己也往往心中无数。因此，说话时心中应有准备，不能信口开河，胡说八道。

4. 老奸巨猾

有的人初见面就给人一种老奸巨猾的感觉。眼皮向上翻、皮笑肉不笑、点头哈腰、夸夸其谈等均在其列。也许实际接触一段时间之后，上述印象就消除了，觉得这个人挺诚实。但是、消除误解需要不少时间，在这段时间里，损失已经不少了。因此，为了不引起对方的误解，在举止方面一定要多加注意才好。

5. 皱眉头

现实生活中爱皱眉头的人很多，这种人让人一见就心里不舒服，这个习惯可以说是生意场上的一个大忌讳，因此一定要革除。如果要纠正的话，你必须时时刻刻提醒自己舒展眉头，即使在紧张或生气的情况下。也要强迫自己不皱眉头。

6. 傲慢

有的年轻人，因自己事业已有小成而自鸣得意，因此，在对待一些中小客户时，说话随意，总想显现出自己比对方优越，但这样只拿伤害客户的自尊心，而影响自己的事业。

7. 见面熟

有的人初次与人接触，就像遇上多年没见面的老朋友一样，非常热乎。其中一些人，还自以为这是交际特技而扬扬得意。但是，在一般情况下对方对此却有种说不出的感受，会对你存有戒心，使你达不到预期的目的。尤其在不了解对方脾气的情况下更是如此。

不过，这也有例外，对于那些自来熟的客户，在他能够接受的范围内，见面熟就可作为武器而获得成功。

8. 好色

说话风趣是一种有效的交际手段，但是过分了对方就会怀疑你的人品了。描述男女关系方面的话说得很露骨，每逢访问聊天儿时老谈色情没完没了，看到异性就凑近动手动脚，都属令人憎恶的不良习惯。

再强大的人脉
也要花心思去经营

与你的人脉圈子保持联络的好方法主要有下面几种：

1. 寄贺卡要有创意

寄生日卡及纪念卡是对的，但还要知道其他一些对你人脉圈子成员具有特殊意义的日子。比如生日、结婚纪念日。

美国喜剧演员雷·伯顿寄出的圣诞卡就是不一样。伯顿的贺卡总是别具一格，他决不说陈腔滥调的客套话，他写的话十分切中要点，也能正确提及收件者与他最近一次联系的时间。内容通常是："我永远不会忘记和你在4月15日见面，而且大骂今年的腐败丑陋事件。"

他怎么可能在几个月后，还可以将日期与谈话内容记得如此一清二楚呢？他真有这么好的记忆力吗？不是的，他的秘诀是不管何时，只要他一遇见某个人，他就立即写好卡片和信，然后收藏起来，等到圣诞节来临时再寄出去。多年来他都用同样的方法，从未被人识破。

绝对不要低估一张简单感谢卡的力量。小事情代表一切。

2. 注意重要的社区活动

你可以参加社区活动或者朋友聚会来保持联络。不妨多做一些慈善活动。比如给红十字会义务献血，给希望工程捐款，资助失学儿童，参加义工活动。

顺带一提，每当你捐款给一个机构或某项活动时，有一句老话是这么流传的：经手的人越多，知道的人也越多。

3. 观察组织/个人/公司的改变

当地的报纸杂志都有报道重要聘任及升迁的商业信息。如果你的网络成员出现在名单上，你应该亲手写张卡片或打一通电话给对方，对他的升迁表示祝贺。或者你也可以更富创意，比方说送一本个性化的袖珍手册，上面有你做的剪报。

4. 利用网络联系

E-mail和电话一样，已成为做生意的一部分。当你的人脉圈子成员拥有电子地址时，寄封电子邮件以表示你们是彼此电子网络的一部分。

5. 努力搜集对顾客有帮助的资讯

你只需充分注意网络成员的兴趣及嗜好，偶尔剪下一篇文章，或一句可能会吸引他们的句子，他们会对你印象深刻。

6. 建设性地运用你的中途停留时间

你的人脉圈子中通常都会有一些活跃的成员与你几年没见面。如果你踏进他们的地盘，千万别忘了他们，即使你只是在机场中途停留，无法亲自拜访或请他们吃顿晚饭。设想周到一点，打通电话给他们。

下次当你要到外地出差，而且已经询问过你的网络成员"哪一家餐厅好吃？"的时候，记得把菜单带回来送给你询问过的人。在这种时候，可以附带一句："你的建议太棒了，那一家的东西好吃得不得了……"而且当你要走时，还可以补充说："酒保说他记得你。"

记得把你出差时所到的城市的报纸带回来给那位你要拜访的网络成员。

7. 当你的人脉圈子充满：冲突你可以帮忙调解

在你的人脉圈子中是否有人彼此不和？你可以当和事佬，帮他们解决问题。假如你解决问题的结果对双方都有利，他们会感谢你。

但这也是一个高风险的方法。因为你处理得不好，他们其中一人，甚至两个人，很有可能会转过来责怪你。

8. 得意时，失意时，都要记得打电话

你的人脉圈子中有人刚失业，现在正是你提供帮助，建立新关系的时候。送花给住院的人是适当的做法。送一顿热腾腾的餐点给家中有人刚出院的同事或员工，则显得特别周到，而且是表示关心的一种很特殊的方式。

当你需要帮助，只要拥有一个你曾经给予过帮助的人的人脉圈子，就能够减轻重担。一旦你习惯去帮助别人，即使不求任何回报，心里也会感到十分满足。

9. 报告你的任何重要改变

你升迁了，你换工作了，你搬家了，你换手机号了……记得告诉你的朋友。

他会觉得你很重视他。

10. 亲自到场

当然，你可以错过一场婚礼，等事后再弥补，但奉劝你别这么做。在婚礼、毕业典礼、表演、音乐会及大型颁奖典礼上，人们永远会记住谁到场，而谁没有到。如果你是老板，你要把员工的生日当成一件大事，你一定要参加员工的生日，陪他们一起切蛋糕，一起许愿。

掌握幽默这门艺术

幽默可以松弛紧张的情绪，也可以自我解嘲，找到适当的台阶下。

将humor译为"幽默"的幽默大师林语堂先生，生前有一次乘船旅行，在船上看到一个外国人正在看他所写的那本英文版的《生活的艺术》，那老外见林语堂身着大褂，以为是个乡巴佬，就鄙视地对林语堂说："老兄，你看得懂吗？"林语堂不疾不徐地用英语对他说："虽然我看不懂，但是这本书却是我写的。"说罢掉头就走，留下一脸愕然的老外。

世界著名的大文学家歌德有一天到公园散步。迎面走来一位曾经对他的作品提出过尖锐批评的批评家。这位批评家站在歌德面前高声喊道："我从来不给傻子让路！"歌德却答道："而我正相反！"一边说，一边满面笑容地让在一旁。不论是林语堂也好，歌德也罢，他们的幽默无疑地避免了一场无谓的争吵，同时也可以消除自己的恼和怒，充分显示了他们的心胸和气量。

幽默还可以消除尴尬的场面。真正的幽默可引来会心的一笑，带来欢笑和快乐。

有一个从俄亥俄州来的人拜访林肯总统时，正好有一队士兵停在门外。等候林肯训话。林肯请这位朋友随他外出，并继续和他密谈。但是，当他们行至回廊时，士兵们齐声欢呼起来。那位朋友这时便应该识趣地退开，但是他并没有这样做。于是，一位副官走到那人面前，嘱咐他退后几步。他这时才发现自己的失态，窘得满脸通红。但是，林肯却立即微笑说："白兰德先生，你得知道他们也许分辨不出谁是总统呢！"在那难堪的一瞬间，林肯用他的幽默化解了这一窘迫的局面。

　　其实，每个人都可变得幽默，它不是天才、高智商者、喜剧演员的专利品。只要你常看一些笑话故事、歇后语，学习让嘴角向上翘，换个新鲜角度欣赏事物，必能找回幽默和学会幽默。

　　使人欢笑，使人快乐。你做愉快的事、说愉快的话，就会把欢乐散布到四周。如果你为别人做了一件好事，那么你也治愈了自己，因为欢乐是一剂精神良方，能超越一切障碍，也会伴你事业成功。

　　幽默虽好，但不能乱用，要掌握一定的技巧：

　　1. 不要随意幽默

　　幽默并不是随时随地都可以运用的，应在某些特定的场合和条件下发挥幽默。例如：在一个正式的会议上，当别人发言时，你突然冒出一两句逗人的话，也许大家都被你的幽默逗笑了，但发言的那个人肯定认为你不尊重他，对他的发言不感兴趣。

　　2. 幽默要高雅才好

　　在生活中，有不少人在开玩笑时往往把握不住分寸，结果弄得大家不欢而散，影响了彼此的感情。

　　3. 不幽默时无须硬幽默

　　如果当时的条件并不具备，你却要尽力表现出幽默，其结果必定是勉为其难，到底该不该笑一笑？这会令彼此陷入更尴尬的境地。

　　总之，幽默是一种优美的、健康的品质，恰到好处的幽默更是智慧的体现，当你掌握了幽默这门社会交往的艺术时，你会发现，它可以在商务场中让你与人愉快沟通，并能发挥想像不到的作用。

敢说逆言的人
值得交

人的一生受到朋友的影响是相当大的，很多人因为朋友而成功，也有很多人因朋友而失败，甚至因朋友而倾家荡产，妻离子散。

害怕因为朋友而失败，那不交朋友可以吧？

事情并不是那么简单，因为没有朋友，也就差不多无路可走，寂寞一生了。即使你闭紧心扉，还是会有人来用力敲。当有人来敲你的心扉时，你应还是不应？应的话，可能那是个坏朋友；不应的话，可能失去一个好的朋友。

因此，你总是要面对交朋友这个问题的。交到好的朋友，你可能会受益一生，得到无限的乐趣，至少不会受到伤害。但若交到不好的朋友，要想不走入歧途、不倒霉却是很难的。

一样米饲百样人。人有很多种，在对待朋友的态度上也有很多种类型，有每天说好话给你听的，有看到你不对就批评、指责你的；有热情如火、喜欢奉献的，也有冷漠如冰、只考虑个人利益的；有憨厚的，也有狡诈使坏的……

这么多类型的朋友，好坏很难分辨，而当你发现他不好时，常常为时已晚矣，因此平时的交往经验极为重要。

不过有一种类型的朋友肯定是值得交往的，那就是会批评、指责你的朋友。

和只会说好话的朋友比起来，那些只知道批评、指责你的朋友是令人讨厌的，因为他说的都是你不喜欢听的话。你自认为得意的事向他说，他偏偏泼你冷水；你满腹的理想、计划对他说，他却毫不留情地指出其中的问题，有时甚至不分青红皂白地就把你做人做事的缺点数说一顿……反正，从他嘴里听不到一句好话，这种人要不让人讨厌也真难。

但是这种朋友，如果你放弃，那就太可惜了。

基本上，在社会做过事的人都会尽量不得罪人，因此多半是宁可说好听的话让人高兴，也不说难听的话让人讨厌。说好听的话的人不一定都是坏人，但如果站在朋友的立场，只说好听的话，就失去了做朋友的义务了；明明知道你有缺点而不去说，这算是什么朋友呢？如果还进一步赞扬你的缺点，则更是别有居心了。这种朋友就算不害你，对你也没有任何好处，大可不必浪费时间和这样的人交往。

但实际上的情形如何呢？很多人碰到光说好话的朋友便乐陶陶，不知是非了；其实他们顺着你的意思说话，让你高兴，为的就是你的资源——你的可以利用的价值。很多人被朋友拖累就是这个原因。

比较起来，那些让你讨厌，像只乌鸦，光说难听的话的朋友就真实多了。这种人绝对无求于你（不挨你骂，不失去你这个朋友就很不错了），他的出发点是为你好，这种朋友是你真正的朋友。

也许你不相信我所说的，那么想想父母对待子女好了。

一般父母碰到子女有什么不对，总是责之、骂之，子女有什么"雄心壮志"。也总是想办法替他踩踩刹车，不让他脱缰而去。为的是什么？是为子女好，怕子女受到伤害，遭到失败。这是为人父母的至情，只有父母才会这么做。

朋友的心情也是如此的，爱之深才会责之切，否则他为何要惹你讨厌？说些好听的话，你说不定还会给他许多好处呢。

因此，要牢记，只有那些经常批评、指责你的人才是你人生的导师。

结交名流
要积极和智慧

要与一流人物交往，使自己也成为一流人物。

在自己所处的环境里，只有与站在顶点地位的一流人物交往，并学习其观念、优点、做法，才能引导自己向上。名流中固然有名不副实者，但毕竟大多数人确有本事和才能，倘若能吸取他们经验和观点中的精华，对你的生活和工作必将大有助益。而与那些远不及自己的人往来，最后很容易使自己落到那些人之后。

结交名流也可能获得更切实的帮助。如果你立志在商界干出名堂来，首先就要想办法接近商界名流，与其交往，建立起良好的信赖关系。一旦与你建立了信赖关系，他就会考虑："替这个人找个机会造就人才吧。"如此一来，你的命运可能会大获改观，甚至可能一层层地脱胎换骨，一步步走人名流社会。可能你还没有真正认识到，有名的人往往有深远的影响力，一句赞许的话就可能使你受益良多。

在心理学上有一种"趋势"心理，就是结交、崇拜、依附有名望者的心理，这种心理绝大多数的人都有，只是程度不同而已。它反映人在心理上希望提高自己的社会地位，平等地与名人交往。

有一个著名的公关专家曾经说过这样一段话："要发展事业，人际关系不容忽视。费心安排的话，人际关系便能由点至面，进而发展成巨树。有了巨树我们才能在巨树的阴凉下休息，坐享利益。社会地位愈高的人，在拓展事业的时候，人际关系愈是重要。但是，总不能因此就拿着介绍信去拜会重要人物。就算登门造访，人家也未必有时间见你，因为各界执牛耳的人物们，通常都排有紧凑的日程表，即使见面，大概顶多也不过5分钟、10分钟的简短晤谈，无法深入的。所以，制造与这些人物深入交谈的机会，非得另觅办法不可。"

而另一位著名的企业家却通过"十年修得同船渡"的方法结识了许多社会

名流，他的经验是："在每次出差的时候，我都选择飞机的头等舱。一个封闭的空间，不会有其他杂事或电话干扰，可以好好地聊上一阵。而且搭乘头等舱的都是一流人士，只要你愿意，大可主动积极地去认识他们。我通常都会主动地问对方：'可以跟您聊天吗？'由于在飞机上确实也没事可做，所以对方通常都不会拒绝。因此，我在飞机上认识了不少顶尖人物。"

知道结交名流也是人之常情，你就无须畏缩，只需要拿出勇气和智慧来，与名流交往、沟通，不断地从内在和外在两方面一起提升自己，一步步迈入名流行列。

整合人脉，
形成强大人脉圈

4

生活中有这样一种"能人"，

他们本身或许没有什么过人的技能，

但他们却长袖善舞、左右逢源，

让很多有本事的人为我所用。

这种人就是人脉大师，

他们最擅长的只有一件事，

那就是整合身边的人脉，

从而形成一个以自己为核心的资源圈子。

用你的诚信
去打动他人

中华民族历来是强调讲信用的民族。在人与人的交往中，从古至今都把信用看得非常重要。（论语）中有："与朋友交，言而有信。"程颐说："人无忠信，不可立于世"，还有"一言既出，驷马难追"，"一诺千金，一言百系"，"信用如镜，一有裂痕，难以复原"等等，讲的都是一个意思："言而有信"。

从古到今，言而有信的人受到人们的欢迎赞颂，不守信用的人则受到人们的斥责和唾骂。李白曾在他的《长干行》一诗中写过这么两句："常存抱柱信，岂上望夫台。"所谓"抱柱信"是说一个叫尾生的男子和一个淑女一天在桥下约会，到约会的时候，女子还没来，河里就开始涨水了。尾生为了不失信用，还是不走，宁可抱住桥柱，直至被水淹死。所谓"望夫台"是说丈夫在外，约定某年某月归来，但是没有实现诺言，妻子总是站在台上望着丈夫归来。这些典故都是倡导人们要讲信用。

失信则失民心，失民心者则必败，这一点，古今的统治者都是非常清楚的。

公元前408年，魏文侯拜乐羊为大将，率领五万人去攻打中山国。当时乐羊的儿子乐舒在中山国做官，中山国国君姬窟利用这一父子关系，一再要求乐舒去请求宽延攻城时间，乐羊为了减少中山国百姓们受害，一而再、再而三地答应了乐舒的要求。如此三次，三个月过去了，乐羊还不攻城，这时西门豹沉不住气了，询问乐羊为何迟迟不攻城？乐羊解释道："我再三宽延，不是为了顾及父子之情，而是为了收民心，让老百姓知道他们的国君三番五次地失信。"果然，由于中山国国君的一再失信，失去了老百姓的支持，结果一战即败。

做生意也好，治家也好，理国也好，都需要讲信用。

在人与人相处中，讲信用也是非常重要的一个交往原则。与人交往中，说真话，不说假话，"言必信"，遵守诺言。实现诺言；"行必果"言行一致。表里如一，周围的人就愿与你进行正常的交往。处于复杂的社会中，有时守信并不一定会助我们成功，说谎有时反而会对自己有利，如果没有什么波折，甚至会被视为有能耐的人，违信背义在社会交往中似乎有它一定的价值，但这只不过是一种短期的社会行为。老舍先生曾说过："守信的人所以失败并非因守信而失败，而狡诈弃信的人所以成功，也并非因狡诈弃信而成功。"这是一句值得大家深思的话。孔子说过："久而不忘平生言。"的确，信守承诺是我们立于这个社会的上上之策，是人与人相互交往中最高贵的情操。

你不要轻易许诺，许了诺言要信守，你要给人一种遵守诺言的印象，这样，你的产品与服务才会让客户信赖。

信守诺言是人们的美德，但是有些人在生意上经常不负责地许各种诺言，但很少能遵守，结果毫无必要地给别人留下恶劣的印象。如果你说过要做某件事情，就必须办到；如果你办不到，觉得得不偿失，或不愿意去办，就不要答应别人，你可以找任何借口来推辞，但决不要说"我试试看"；如果你说试试看而又没有做到，那么你给对方留下的印象就是，你曾经试过，结果失败了。

你的信用能给予客户良好的印象。你是否信守自己的诺言？你轻易地承诺？你是否值得他人委以重任？你是否总是忘掉别人委托之事？当客户打听你公司产品状况时，你转达了多少次错误信息？客户向你打听公司的样品，或关于宣传方面的材料，你是否多次提供不实的材料？

要信守约定，这看起来似乎很简单，做起来却相当困难，只要稍有疏忽，就可能无法履约。有时候你认为别人可能不需要你的服务，如果这种自我安慰的想法让别人知道了，就会让别人觉得你是个懒人。

而且你可能也有侥幸心理，以为客户能原谅自己，你这种怠惰的心理让人一看便明白了。

所以，你在服务时，千万别轻易许诺，许了诺，就一定要遵守，客户们会为你的态度所打动，认为你是一个守信者，从而信赖、依靠于你，你在生活中便会战无不胜，攻无不克。

不论你在生活上或是工作上，你的信用越好，你就越能成功地推销你的服务；你应对的客人越多，你的服务推销就做得越好。

所以，你必须重视你自己所说的每一句话，生活总是照顾那些讲话算数的人，食言则是最不好的习惯，你必须改变自己的缺点，成功地推销你自己。

若要你的客户信任你，重视你，你就要对自己所说的话负责，你用自己的行动去说服客户的异议，让他们亲眼看到你所做的都是为了他们的利益，为了遵守诺言，你可以放弃其他的，给人一个可信的面孔。

产品的销售，需要成功的广告和宣传手段，但最能打动人心、最受客户欢迎的还是你那可靠、守信的服务态度和售后服务。

[人脉资源 是用来动用的]

很多人只知道比尔·盖茨今天成为世界首富的首要原因，是由于他掌握了世界的大趋势，包括他在电脑上的智慧和执着。其实比尔·盖茨之所以能够成功，除这些原因以外，还有一个最关键的因素就是比尔·盖茨的人脉资源相当丰富。

比尔·盖茨建立微软公司的时候，只是一个默默无闻的小卒，但是在他20岁的时候，签到了一单大生意。

如果把营销比作钓鱼的话，是钓大鱼、还是钓小鱼比较好呢？回答毫无疑问是大鲸鱼。这是由于钓大鲸鱼的话，钓一条就能够吃一年，但钓小鱼的话得每天都要花费时间去钓。比尔·盖茨在25年前开始自己事业的时候，他就明白了这一点。他从创业之初就钓了一条大鲸鱼。

让我们来细细观摩一下比尔·盖茨的日常人际关系和人际交往的法则。

1. 利用自己周围亲人的人脉资源

他20岁时签到了第一份生意，这份合约是跟当时全世界排名第一的电脑公司——IBM签的。

当初，他还是位在大学苦苦求学的学生，没有足够的人脉资源。他是怎样钓到这么大的"鲸鱼"？可能很多人都不清楚。原来，比尔·盖茨之所以可以签到这单生意，中间有一个非常重要的中介人——比尔·盖茨的妈妈。比尔·盖茨的母亲当时作为IBM集团的董事会成员，是妈妈将自己的儿子推荐给董事长认识，这是一件非常正常的事情。假如当初比尔·盖茨没有拿到IBM这个大项目，相信他今天绝对不可能成就几百亿美元的个人资产。

2. 充分利用自己合作伙伴的人脉资源

大家知道比尔·盖茨最主要的两个合伙人——保罗·艾伦及史蒂芬。他们不但为微软贡献他们的聪明才智，而且也贡献了他们的人脉资源。

3. 多结识国外的朋友，让他们参与调查国外的市场，以及负责国外市场的开发

比尔·盖茨有一个关系密切的日本朋友叫彦西，他为比尔·盖茨介绍很多日本市场自身的特点，为比尔·盖茨找到第一个日本个人电脑项目立下了汗马功劳，从此日本的市场就被打开了。

4. 启用非常聪明、能独立工作、有潜质的人来一起工作

比尔·盖茨后来回忆道："在我的事业发展的进程中，我不得不承认，我最好的经营决策是挑选人才，拥有一个自己能够完全信任的人，一个可以将事情完全托付的人，一个替你排忧解难的人。"

多一些用心
才能多一些回报

博恩·崔西是世界著名的潜能大师，顶级的效率提升大师，顶级的销售教练。他所著的书被翻译成多种文字，他的培训帮助了千千万万的人提升业绩。

他是怎样做到这些的呢？

1. 为顾客花费大量的时间

在客户身上花费更多的时间，与他们更好的交往，为顾客着想，与顾客彼此建立起商业上的友谊。

博恩·崔西在和客户交往的时候，从来不会着急赶时间。他要向人表示，他愿意花费自己足够的时间去帮助顾客做出正确的购买决定，他是绝对不会对顾客缺乏耐心的。

2. 真诚地关心客户

你越对你的客户关心，他们就越会对你的生意产生兴趣。关怀的感情因素是非常强烈的，往往会令价格、相对品质、交货效率、公司在市场上的规模，在它面前变的毫无意义。一旦客户认定你是设身处地地为他着想，他们就会乐于向你购买，而不会去管销售的细节或竞争者怎么样。

3. 尊重每一个他所遇到的人

俗话说，君子有所为有所不为，都是为了博得你所感兴趣的人对你的尊敬。一个人的骄傲、尊严、自我肯定，大部分都来自于受到别人的尊重程度。你越看重别人的意见，别人对你的尊重程度就越会影响你的行为。

每当我们感觉到别人的尊重，我们就会对那个人有一种特别的感觉。如果有人尊重我们，我们就会觉得那个人比较优秀，比较有洞察力，比较有内涵，而且个性也比其他人好。

4. 从来不会批评、抱怨或指责顾客

坚决不要从自己的角度出发来批评任何人或任何事，千万不要恶言相向或批评你的竞争者。每当你听到别人提到竞争者的名字时，只要大度地说："那是一个非常不错的公司。"然后就继续介绍你的产品。倘若有人告诉博恩·崔西，他的竞争者是如何地诋毁他，他只会一笑而过。

让我们学会彼此尊重吧！

5. 毫无保留地接受

希望能够被他人毫无保留地接受，是所有人内心最渴望的需求之一。你只需要面带微笑，并且表现亲切友善，就可以给别人传达你接受他人的态度。一般人都乐意和那些能够接受他们性格的人在一起，而不愿意受到任何评判和批评。

你越能够接纳别人，他们就越乐意接纳你。

6. 认同

每当你称赞并认同他人所做的事情时，就会让他人感到开心并且会变得更有精神。他的心跳会因此而加快，会觉得自己很出色。当你不管在何种场合都在竭力找机会对他人表示赞扬及认同的时候，你就会成为一个处处受欢迎的人物。

7. 致谢每一个帮助过你的人

对于每一个人为你所做的事情，你都要表示感谢，这样会让彼此的自我意识提高。你会让他认为自己更有价值也更重要。

你一定要养成随时随地对每个人感恩的习惯，特别要向那些会让你期望的好事连连不断发生的人，表达自己心中的谢意。

8. 仰慕

每当你仰慕一个人的成就、特质、财产时，就会特别容易提升他的自我肯定，让他更加自信。只要你的仰慕、认同、感谢都是真诚的，别人就会因此而收到正面肯定的影响。他们因此而对你产生的好感，会等同于你让他们对自己及生活产生的满意度。

9. 绝不与顾客争论

你千万不要和客户争辩。不论客户说什么，你仅仅做到点头、微笑，并且欣然同意就可以了。顾客比较愿意与自己意见一致的人打交道，他们不希望和爱抬杠的人相处。甚至当客户在犯错误的时候，他还是不希望你把他的问题揪出来。

要把重点放在建立关系上面，以建立关系的利益来考虑。

10. 全神贯注，注意顾客在说什么

当客户在说话的时候，你必须将注意力集中在他的身上，这就是对他最大的尊重。你让他认为自己很有价值，而且非常重要。

你的目标就是成为一个人际交往方面的高手，成为一个人际关系的佼佼者。你的目标就是去成为一个在行业中最优秀、最受欢迎的人。

共赢造就
巨大成功

亚伯拉罕是世界顶级行销大师，他当过世界500强以及上万家大小企业的顾问，他的顾问费以及演讲酬劳都是世界最高的。他有自己独特的营销技巧：

1. 营造一种所谓"宾主两益"的关系

如果一个公司愿意将一个销售信息传递给丙公司，或者乙公司同意鼓励他们的客户购买丙公司的产品或服务，甚至对于乙公司的产品大加吹嘘、赞扬。一旦你获得了这些信息，就可以和这些能发展合作，而非竞争的商家、企业进行沟通和交流，可以建议他们将你的产品或服务推荐给他们的顾客，并最大程度将有关你所提供的产品或服务的资料发送给他们，并附上一些高品质的承诺。

你应该找到那些可能对你所提供的产品或服务感兴趣的公司。你可以和这些公司展开交往，请他们宣传你的产品或服务，并承诺对方可以得到一部分利润为报偿。

在运用"宾主两益"关系时要记住五点：

（1）你的产品或服务对这家企业的产品或服务完全没有竞争性。

（2）你不能夺走或排挤掉企业平常可获得的利润。

（3）保证会按时增加他们的利润。

（4）他们不用太劳神费力。

（5）所有的意外，你会负责任，不能让他们受到任何损失或伤害。

向对方表示绝对不会存在任何利益冲突，不管体制如何，不管他们如何操作及由谁来操作，这种关系只会互相填补，更为完美。

你不用花销任何人事行政成本及推销成本，就可以挣得额外的利润，这样一来，你可以重新收回当初对客户及潜在客户进行的投资，以及多年来建立公司所耗费的精力和投入的成本。

2. 为顾客提供"特殊待遇"

对客户自身而言，能担当产品及服务推荐者的"主体"公司，必须能够令他的客户感觉受到了重视。比方说经协商，让客户得到比市场价偏低的价格，拿到高于市场的利润、福利，或保证提供额外的收益。要将这个客户和其他客户区分开来，让他们感觉自己的地位很优越、很重要及很独特。

3. 充当顾客与顾客的中介者

你只需要在客户之间充当中介人，能让双方展开交往，你就能够与他们建立非常友好的关系。你可以尽可能地找到更多的顾客，对他们讲："行销你的产品，让有关产业的公司来替你宣传产品或服务。"然后你再对另外一个顾客说："我要带一些产品给你，让你进行销售。"你就用这样的办法将交易双方拉拢在一起，只要能做到这样，你很快就能够成为双方的大红人，并因此而得到一些佣金。

4. 创立一个正式的推介系统

每一个对你客户重要的人，也都会变成对你重要的人。

让我们最大程度地开发，以及使用推介系统来获取生意。据此说法，关注你周围所接触到的主动与被动的客户，在他们的一生中可能会为你介绍很多客户。

解决他人所需
才能满足自己所想

柴田和子是日本推销女王。她持续11年享受日本寿险"终身女王"的称号，国际组织MDRT会员。她的业绩相当于804位业务员销售业绩的总和。

柴田和子是如何运用人脉资源进行销售的呢？

1. 给人一个整洁、开朗的形象

柴田和子虽然一说话便显得神采飞扬，但她不满意自己的身材，觉得自己的身材没有突出的特征，在与对方初次会面时不能吸引对方的眼光，所以，她通常都会借"服装"给人强烈而深刻的第一印象。

2. 利用之前所积累的人脉资源

柴田和子高中毕业之后就到"三阳商会"任职，直到步入婚姻的殿堂，而其周边的人脉资源也给了她非常大的支援；刚开始的人脉资源完全是以"三阳商会"为基础，之后是通过他们的介绍以及转介绍而来的。

另外一个对她有很大帮助的则是她的母校——"新宿高中"。

"新宿高中"作为一所著名的重点高中，它培养了非常多的优秀人才、社会的中流砥柱。其毕业生在社会上都占有一定的地位。

3. 善于利用银行开发客源

当时日本的全部企业都是自由资本比例比较低，常需要找银行贷款，而银行也发挥极大的金融功能，在银行与企业的权力构造中，银行居于绝对主导的地位。所以，银行的推荐相当有力度，可以给对方施加压力。柴田和子常常利用这样的关系来做她的开场白：

"我是由银行推荐来的，但是我与银行并没有什么特殊的关系。因为是我自己跑到银行请他们推荐的，所以请不要介意'银行介绍'这四个字，请你听一下我说的内容。希望你能明白，我仅仅是作为一个保险业务员的身份，来为贵公司推荐一项非常不错的商品，所以，请你最好能针对这项由我为你设计好的保险商品，提一点意见、指教，这样对我的成长也有所帮助。我希望从点点滴滴累积这些教训，将来变成日本顶尖的业务员。所以，请您不吝赐教，对我进行指导。"

有一家银行给柴田和子7家企业的转介绍。那家银行的领导是一位非常优秀的绅士，之后又不断为她介绍了很多企业。

当柴田和子心满意足地得到一家银行的转介绍后，别的银行也常常对她伸出双手。

为了具体地清楚企业名称，她曾经整整一天坐在银行柜台窗口前的椅子上，一听到银行柜台喊"××工业公司"、"××会"，就逐个把名称抄录下来。然后再到二楼的贷款部门请求工作人员为她介绍那些企业，之后再去进行上门拜访。

4. 寻找主导人物

柴田和子之所以选择从老板下手，是由于那是最有效率的做法。因为老板往往具有最终的决断权，只要使领导说"Yes"，那么其余的就只是事务性工作了。所以，行销人员必须要清楚谁才是问题的关键。

柴田和子觉得有效率的做事方法，就是将已经建立的人脉资源灵活运用于企业集团之中。每个人都有亲戚、校友和乡亲，从这些关系中来展开她的事业，而她也觉得可以将这些人脉资源灵活地运用于工作上。

前往企业行销集体保险，是以企业的母集团为切入点，只要与某企业集团旗下的公司签下合同，则该公司所属企业集团的所有人也尽可囊括其中，可以快速扩大自己的市场。

5. 人情练达成就成功行销

柴田和子从来不会错过与别人的约会时间。她绝对不带给别人任何不快。即便是自己的秘书，她也不会让他在严寒或酷暑中去等候，如果要让一个人来遭受这些的话，她是宁可自己承受也不愿意那样去做的。

柴田和子说："保险行销要做成功，必须要懂得处处为别人着想，即人情练达。"

行销绝不是一个人的事情，光知道拼命的埋头苦干是绝不可能成功的。怎样使对方打开心扉、使对方信任自己，才是最关键的。要达到这个目的，就应该做到能够体恤对方，要有替对方着想的心意。

柴田和子成功的方法：

（1）确立具体长远的目标，并想尽一切办法去完成它。

（2）时常站在客户的立场来思考问题。

（3）像"爱的天使"一样出现在客户面前，用诚信打动客户。

"顾客是上帝"，在人脉资源中体现得非常明显。

互助
才能互利

亚力山卓·福特是MDRT（百万圆桌会议）世界有史以来年龄最小的会员，连续12年获得TOT顶尖会员的资格。

亚力山卓·福特是这样发展自己的人脉资源的：

1. 从12位客户开始

他知道单单靠这12位客户带来的资源肯定是有限的，它不可能成就辉煌的事业。这样下去的结果只会有一个——保险事业很难进行。他想，"我拥有12位客户，那么就是说我这12位客户中的每一个客户也都拥有12个朋友，如果这12位客户都乐意为我转介绍的话，那么我就将会拥有144位客户。如果让这144位客户满意之后，假如这些客户又乐意为我转介绍的话，那我就拥有1728位客户……"人与人是彼此吸引的，百万富翁往往是与百万富翁在一起的，亿万富翁通常也是与亿万富翁在一起的。你的朋友跟你都是同一类人。那么，亚力山卓·福特是怎样让这些客户为他转介绍的呢？

（1）请客户一起进餐。亚力山卓·福特的做法是请客户吃饭，但他在饭局上从不提及客户的事情，只聊自己的事业。

（2）重要的是提出请求。

（3）经典话术。"我发现持续开发客户对我而言非常重要，同时，提升对您的服务质量更重要。为了能更加周到的为您服务，您期望我怎么做？请介绍5位与你同样成功、财富等值的客户。"

2. 与其他的专业人士联系，通过现有的客户发展同盟关系

通过其中的一个客户来发展同盟，比方说可以和理财师、证券师结盟，因为理财师、证券师身边潜伏着许多相当有价值的潜在客户。山卓主要是和理财师、证券师结盟，对理财师说："我跟你的客户也有生意上的交往，他提议我打电话

给你，我请你帮忙介绍别的客户给我，我想把我的客户同时也介绍给你。"

3. 召开客户交流会

每年在固定的时期，都会在一个合适的时间——通常是周末，邀请他工作中的前15位客户聚在一起，让每个客户讲出自己的要求和需要帮助的地方。这种交流会，等同于说明会、讲师会。被邀请的这些客户都乐于参加。原因是什么？这是因为，在这个交流会上可能会得到一些意想不到的收获和帮助，可以寻找到更多事业成功的机会。

4. 和媒体合作

不管是电视、报纸、广播，都会变成他积累自己人脉关系的媒介或工具，尽量和这些媒体合作。媒体的力量通常也具有很大的作用，他可以成就你的人生，也可以破坏你的人生。他可以在电视、广播上做主持嘉宾，或者是在报纸上开辟自己的专栏，当然最后还得留下自己的联络方式。

5. 写与众不同的信

他给客户写的信从来都是与众不同的，总是能起到意想不到的效果。一方面是恭喜对方取得的非凡成就，说他们在事业上有一些共同点，渴望和对方见见面；二是在信的末尾，加上一句"我需要你的帮助。"山卓说："这句话虽然看似平常，但效果出乎意料的好，因为每一个顶尖的成功人士在追求成功的路上，都会遇到许多的困难，他们因此也需要别人的帮助，同时他们也得到了不少人的帮助。他会明白这句话的含意。他会很愿意帮你。"

[读懂他人内心，
胜算会更大]

人走茶凉，可能让人备感人的势利和冷漠无情，但这是事实。庙堂里的菩萨有许多人在供奉，而庙堂外的菩萨却很少有人理睬。不在其位，不谋其政，现官不如现管，真是一点不假。时间能够冲淡许多人的记忆，有很多社会名流，达官贵人，在功成身退之后，逐渐被人遗忘。

能够注意别人在想什么，也就无形中增加了你胜利的机会。

"拳王"穆罕默德·阿里在这些功成身退的人中却是一个例外，时光并没有冲淡他的名人身份，而且随着时间的流逝，他越来越受人欢迎。他是怎样做到这点的呢？

1. 与政府紧密联系在一起

当克林顿总统再次被提名的夜晚，拳王阿里就坐在总统及其家人旁边。

拳王阿里也许是全世界最受欢迎、最有名的人。

如今，他遭受帕金森氏症的折磨，那是最虚弱的一种病，他的病受到了非常多的人的关注。

2. 运用慈善机构，做一些公益事业

1975年12月2日，哥伦比亚广播公司播出一条新闻，报道：为老年残障者设立的社会服务机构因缺资金即将关闭。然而第二天，阿里就拿着一张5万美元的支票，以及一张5万美元的保证金过来了。他和这个机构并无明显的关联，有人问他为什么要这样做。他回答："我对老年人就是心疼，尤其是残疾人，因为有一天我也有可能会残废。"

3. 来信必回

他身体所患的帕金森氏症并没有破坏他的心智。每天他仍然会花费许多时间回复大量拳迷的信件，以及在照片、书及其他物品上签名，以此来为世界各地的慈善机构募集捐款。这些东西在拍卖的过程中价格高达5000美元。

4. 创建一个人脉圈子就是关注别人心理的需求是什么

阿里刚化身为职业拳击手时，为了更大程度地宣传自己，扩大自己的影响力，他就想请全美国最大的刊物《生活》的一位专职摄影师拍照，以此在《生活》上刊出。这位摄影师当然不会随便给人拍照，但是阿里清楚只要能够突出自己，值得人报道，就可以为自己创造机会。拳王阿里说："我是世界上唯一一个接受过水底训练的运动员。那就等于是你一直穿着厚重的鞋子跑步一样，而如果换上其他鞋子之后，你的脚步就会觉得非常轻盈。当你在水下练习拳击时，由于那股水流的阻力，使你在平时的比赛中挥拳更快。所以我是世界上最敏捷的重量级拳手。"这下，摄影师表示对此很感兴趣，愿意做阿里的摄影师并做一个独家采访。

其实他压根就不能游泳，并且以前从来没有在水底下训练过，但是摄影师却相信了他，而且在《生活》上用了很大的篇幅来对他进行报导。

我们应该学习阿里。他曾经讲过："帮助别人即是我们应该为自己居住在地球上所付的房租。"

处事方式
要圆通

要成就大事，必须要先学会做人；而学会做人，即是擅长在交往中积累自己的人脉资源。如果能做到圆通有术，左右逢源，进退自如，上不冒犯达官贵人，下不欺压平民百姓，中不鄙薄同行朋友，行得方圆之道，人脉大树枝叶茂盛，那么成功就一定指日可待。

胡雪岩就是一个这样的人，在晚清弥乱的局势中立足脚跟，在商业上盛极一时。纵观胡雪岩的一生，其成功之处可认为是在为人处世上，他能处于乱世之中，方圆皆用，刚柔并济，知道如何积累人脉资源，并利用它为自己的商业做铺垫。

1. 得到民心，赚钱就会很容易

胡雪岩觉得，如果钱只集中在富人手中，市面就流通不起来；而且，过富必遭人妒。贫富差距拉得越大，富人就越危险。在饥民暴动的情况下，富人是没有好日子可以过的。

胡雪岩刚开始创办庆余堂，并没有谋划赚钱，后来由于药材地道、成药灵验、营业鼎盛，才无心插柳。但赚来的钱除了转为资本，扩大庆余堂的规模以外，平时对贫民乐善好施，历次水旱灾荒、疫病流行，贡献出大批成药，全部都是从盈余上开支，胡雪岩从来没有动过庆余堂的一文钱。

庆余堂的伙计们都有一致的看法：胡雪岩种下了善因，一定会结得善果，他暂时垮下去了，但迟早会再爬起来。因此，所有员工们在胡雪岩潦倒的时候，都像往常一样，一如既往地去店里上班，维持店面的正常运营。这是胡雪岩性子里"圆"的一个方面，对百姓行大"善"，而自己最终是最大的赢家。

胡雪岩正是具备这种济世救人的天性，加上他的不同寻常的悟性，从而在官商两道左右逢源。

2. 圆才能通

人往高处走，水往低处流。人本身和自然万物就是不同的。凡事都是人做出来的，不通之处，总会有办法让它通畅。

不论是对抢了自己生意的龚氏父子，还是对欺行霸市的苏州永兴盛钱庄，亦或是对已经破坏了自己利益的代办朱福年，胡雪岩对他们的回击都很有力。但不管什么时候他都恪守一条原则，那就是：总要给对方留条后路。

圆而神是胡雪岩为人处世的最好概括。

这里所说的圆就是圆通、圆活、圆融、圆满，围绕着这一个"圆"字，做足了通、活、融、满，一个喜气洋洋的大善人富商的形象便呼之欲出了。

大家怎样说，我就怎样说；大家怎样做，我就怎样做。洞悉了人心的喜怒哀乐，顺从了人们的爱憎善恶。做到这两个方面，万事无不成功，人心无不赢得。

胡雪岩圆而通的处世学问，深谙中国传统儒家为人处世之个中三昧，因此在复杂的社会及商务活动中左右逢源。所以，胡雪岩的飞黄腾达也就水到渠成了。

最后，也是最重要的一点，就是所谓的第三点：胡雪岩拥有审时度势的独到眼光，深悟世道的通变之理，擅长在乱世之中"变"。

这里的意思倒不是说胡雪岩有异于常人的眼光，在之前就有了一个特殊的筹划。与当时所有的中国人一样，胡雪岩对这种纷乱局势的认识也是循序渐进的。当他刚和洋人接触时，他脑海中的洋人同样非常神秘、新奇。

但是随着交往次数的频繁，他渐渐感觉到洋人也不过是利之所趋，因此只可使由之，切忌放纵之。以至于发展到互惠互利，其间的过程是逐渐变化的。

但胡雪岩确实拥有一个天生的优势，就是对整个时局具有先人一步的判断和把握，因此能先于别人筹划出应对措施。占了这一先机，胡雪岩就可以开风气、占天时、享地利，逐一己之利。

胡雪岩由于占了先机，所以经常能够先人一着，从容不迫地应对。每每和纷乱时事中茫然无措的人们相比照，胡雪岩的优势便凸显出来。

胡雪岩在人们的脑海中，最大的特点就是"官商"，也就是人们所谓的"红顶商人。"这"红顶"具有很强的象征意义，因为它是朝廷特地赏给他的。戴上它，就说明胡雪岩受到了皇帝的恩宠。实际上，它同时也标志着，皇帝认同了胡雪岩所从事商业活动的合法性。既然皇帝的权利是无可比拟的，皇帝所赞许的人自然也不应受到限制。从另一个角度来看，皇权的至高无上也保证了被保护人的信誉。因此王公大臣才能很放心地把大把银子存入故雪岩的阜康钱庄。

胡雪岩一面赢得了信用，另一方面也清除了在封建时代无所不在的对商人的干预。因此，才能让他如同一个真正的商人那样从事商业活动。

照胡雪岩的说法，就是商人对客户讲诚信，官府对朝廷讲忠心。商人只需要让自己说话算数，是对自己的每一位客户来讲的。官府只需关心自己做事是否对得起朝廷。两者对象不一样，原则自然不同，如果各行其事，各司其职，那么整个社会便井井有条。否则就只会增加灾难，而没有任何的好处。

胡雪岩这些超乎常人的素质，使他被大家定位成一个传统文化意义上的哲商，并在做生意的过程中不断感悟，不断升华，他的智慧和商业活动也就不断走向一个炉火纯青的境界。而这一切正是他对人性有自己独特的见解、善于积累人脉关系的结果。如果没有那圆而通的处世方式，就不存在四通八达的人脉资源。

善于运用
微笑的力量

————●————

5

微微一笑，

胜过千言万语。

很多牢固的友谊，

都是从一个微笑开始的。

有的人非常善于运用微笑的力量，

他们逢人三分笑，

很快就能交到一大批优秀的朋友。

没有人乐意和一个冷冰冰的人呆在一起，

而微笑则使人看起来非常有亲和力。

微笑的力量
不可小觑

在人生的道路上，挫折、困难甚至有时候会遇到绝境，这些都是避免不了的，我们要学会坦然面对，自信自强，永远保持内心的微笑，高举自信之旗。微笑，常常在生命位处边缘时有着震撼世界的力量，让人生所有的苦难如轻烟一般随风飘散。

非洲的一座火山喷发后，随之而来狂泻不止的泥石流，迅速流向不远处山脚下的一个小村庄，一瞬的功夫，农舍、良田、树木，一切的一切都没有躲过大自然的劫难。

滚滚而来的泥石流惊醒了睡梦中的一位14岁的小女孩，当她意识到时，流进屋内的泥石流已上升到她的颈部，她全身只剩下双臂、颈和头部还露在外面。随之赶来的营救人员围着她一筹莫展。因为对于遍体鳞伤的她来说，这时的拉扯无疑是一种更大的肉体伤害。

此刻房屋早已倒塌，她的双亲也在泥石流中失去了生命，她是村里为数不多的幸存者之一。当记者把摄像机对准她时，这个小小的女孩始终没叫一个"疼"字，她坚信政府派来的救援部队一定能救她。她始终咬着牙微笑着，不停地向营救人员挥手表达谢意，两手臂还做出表示胜利的"V"字形。

可是营救人员最终也没能从固若金汤的泥石流中救出小女孩。她就这样微笑着挥着手被泥石流一点一点地淹没。即使在生命的最后一刻，女孩的脸上都没有一点痛苦失望的表情，反而笑得无比爽朗。小女孩被吞没的那一刻，仿佛一个世纪那么长，在场的人都面含悲伤，目噙泪水，庄严而又肃穆。

没有什么事物能比得上一个阳光灿烂的微笑了。

微笑具有神奇的魔力，她能够化解人与人之间的坚冰；微笑也是身心健康和家庭幸福的必备良剂。

无论你在哪个国家，无论你与何人相处，在人与人之间，微笑都是一种共通的语言，她足以消除人与人之间的隔阂。

人与人之间的距离只是一个微笑的问题，简简单单的一个笑容就可以化解距离；纵使对着自己微笑，也能给予自己足够的信心和勇气。

如果你让自己拥有了阳光灿烂的微笑，你就会发现，生活原来这么轻松，而身边的人似乎也不是原先那么不好相处了。

百货店里，有个穷苦的妇人，牵着一个约四岁的男孩在闲逛。

他们走到一架快照摄影机旁，孩子摇晃着妈妈的手说："妈妈，让我照一张相吧。"妈妈弯下腰，把孩子额前的头发拢在一旁，面露难色但是很慈祥地说："不要照了，你的衣服太旧了。"孩子仔细地沉默了片刻，抬起头来很认真地说："可是，妈妈，我有灿烂的笑容啊。"

如果你在生活面前也和这个贫穷的小男孩一样，穿着破烂的衣服，一无所有，你还能坦然而从容地说出这句话吗？

笑，还是一种神奇的药方，它能医治许多疾病，并具有强身健体的医疗功能。

医学家告诉我们，一个人若患有疾病或者有烦恼，那他就不会从心底发出笑声。

美国加利弗尼亚大学的诺曼·卡滋斯曾患胶原病，这是一种疑难杂症，康复的可能性仅为五百分之一，而他就成为这个"一"。

卡滋斯认为，笑具有惊人的医疗效果。他说："我的体会是，如果能够从心底里发出笑声，并持续10分钟，就会产生诸如镇痛剂一样的作用，至少可以解除疼痛两个小时，用来安安稳稳地睡觉。"

面对亲人，一个微笑，能够使他们体会到，在这个世界上，还有一个人与他们心心相连，血肉相系；面对着朋友，一个微笑，能够使他们感受到世界上除了亲情，还有友情也足以深入人心。

没人会拒绝
一个爱笑的人

笑容，能给你带来意想不到的巨大成功。

服务行业的"微笑服务"，能使顾客盈门，生意兴隆，招财进宝。

世界著名的希尔顿饭店的创办人康拉德·希尔顿说："如果我的旅馆只有一流的服务，而没有一流的微笑，那就等同于一家不见阳光的旅馆，没有任何特点与竞争力可言"

1919年，美国旅馆大王希尔顿投资了一笔资金，这其中包括父亲留给他的12000美元和他自己挣来的几千美元，就这样他开始了他雄心勃勃的经营旅馆生涯。当他的资产奇迹般地增值到几千万美元的时候，他欣喜而自豪地把这一成就告诉了母亲。

出乎意料的是，他的母亲淡然地说："依我看，你根本没有进步多少，事实上你必须去把握比几千万美元更值钱的东西：除了对顾客诚实之外，你要想办法使来希尔顿旅馆住过的旅客还想再来，你要想出一种简单、容易、不花本钱而且行之有效的办法来吸引顾客，这样你的旅馆才有前途。"

经过长时间的迷惘和长时间的摸索，希尔顿终于找到了同时具备母亲说的"简单、容易、不花本钱而且行之久远"四个条件的东西，那就是：微笑服务。

这一经营策略使希尔顿大获成功，他每天对服务员说的第一句话就是"你对顾客微笑了没有？"即使是在最困难的经济大萧条时期，他也教导职工们："万万不可把我们心里的愁云摆在脸上，无论旅馆本身有如何的困难，希尔顿旅馆服务员脸上的微笑永远是照亮旅客的阳光。"就这样，他们安然度过了最艰难的经济萧条时期，迎来了希尔顿旅馆的黄金时代。

经营旅馆之道如此，其他各行各业又怎么能脱离得了微笑带来的效益呢？而生活中遇到的一切烦恼，又何尝不能用微笑来化解呢？

微笑，永远是我们生活中的阳光雨露。不论你现在从事什么工作，在什么岗位，也不论你处身多么严重的困境，甚至你的人生正在遭遇前所未有的打击，你也要用微笑去面对它们，直面一切，让一切困难在你的微笑前低头。

那么，我们如何才能学会用微笑来化解人与人之间的坚冰呢？

第一，你要相信微笑是世界上最美丽的表情；

第二，让一些能让自己轻松愉快的事情围绕着你；

第三，在办公室里的显眼位置上，摆放一些令你难忘的照片，比如，家里的小狗逗趣的模样等。这些照片，可以使你在日常紧张的工作中拥有片刻的轻松。

第四，尽量控制负面消息对自己的影响。要学会控制自己的情绪，不要一直去想不好的事情。

第五，努力寻找那些幽默和能让自己欢乐的事情。即使遇到了交通堵塞，在等待的这段时间里，你可以想像一下自己正在出演一部电视剧，自己是剧中的一个人物，把自己置身事外。通常类似的练习都可以使欢乐取代压力。

最后，也是最为重要的一点，要学会为自己微笑。要发自内心地笑出来，因为微笑不仅仅是为了别人，也是为了自己。

俗语说："一笑解千愁"。给身边的人一个愉快的微笑吧，那样你会拥有一个和谐的世界。

没有人能轻易拒绝一个笑脸人。每天用微笑来工作学习，你会感觉到前所未有的轻松。

微笑能让你获得成功

国外许多企业或公司经理都宁愿雇佣一位中学未毕业却有着迷人笑容的女雇员，而不愿聘请一个满脸严肃的哲学博士。

卡耐基在他的《人性的弱点》一书中介绍了一个因微笑而获得成功的例子：

斯坦哈特——纽约百老汇大街证券交易所的著名经纪人，他过去是个严肃刻薄、脾气暴戾的人，他的脾气坏到他的雇员、顾客甚至太太见了他都尤恐避之不及。后来，他请教了一位心理学家，心理学让他随时保持微笑。之后，他一改旧习，无论在公司的电梯里还是走廊上，不论是在大门口还是在商场，逢人就三分笑意地上去像普通的职员一样虔诚地与人握手。

这样过了一段时间，斯坦哈特不仅夫妻间能和睦相处，相亲相爱，而且生意上也是顾客盈门，生意兴隆。

从这个意义上说，微笑是一笔财富。

在一次商业谈判过程中，谈判双方意见"撞车"了，僵持不下，难以下台。这时，一方满脸含笑地站起来，讲了一个"撞车"的幽默故事：

有一天起了大雾，雾浓得连对面都无法看清，公路上的汽车只好一辆咬着一辆的尾巴行驶。突然，前面的一辆车刹车停了下来，后面的车一下子撞上了前面那辆车的车尾。后面的那辆驾驶员跳下来吼叫："喂，不想活了吗？这么大的雾，怎么可以这样急刹车？"前面汽车的车主不紧不慢地回道："喂，老弟，先让我问你一下，你的车跟着我开进了我的车库，难道还不想倒车呀！"

故事讲完，双方哈哈大笑，对峙的气氛缓和了不少。最后，双方经过一番冷静的商讨后，都以微小的"倒车"结束了谈判，双方都得到了各自满意的成果。

这个事例告诉我们，微笑是事业的风帆，它可以让事业扬帆起航。

家人之间的"微笑相处"，更能使感情融洽，家庭和谐。

纽约证券交易所的经纪人斯坦哈特先生结婚18年，很少对他太太微笑，甚至于绝少讲话。后来，斯坦哈特先生决定改变这种态度，于是他对镜子说："你今天要把脸上的愁容一扫而光。""你要有笑容，要微笑起来，就从现在开始。"

于是当他坐下来吃早点时，他笑着对太太打招呼："亲爱的，早安！"他太太被他突如其来的微笑搞糊涂了，惊诧万分。他就对太太说："从此以后，你会习惯我的这种态度。"

两个月过后，家庭气氛显然比任何时候都要好，一家人和谐、幸福的时光又回来了。

为什么微笑具有如此多的神功奇效呢？

1. 微笑是人脉交往中最简单、最积极、最容易被人接受的一种方式方法

微笑代表着友善、亲切和关怀，是热情友好的示意。它能给对方善良、热情、谦和、亲切、愉快和温暖的感觉，同时能明白的告诉对方："我对你怀着善意"、"我喜欢你"、"见到你我很高兴"、你使我快乐"等等，

2. 微笑能折射出一个人的健康心理

微笑是社交最基本的礼貌和修养，是个人文明礼貌和良好修养的具体表现。它能展示一个人内心世界的和美，也能真诚地表达对他人的友善情感，留给人如沐春风的感受。"笑一笑，十年少"、"笑口常开，青春永驻"，说的就是这个道理。

3. 微笑能给人以美的享受，它能振奋精神，调整情绪

美国心理学家保罗·艾克曼的研究指出：当人们露出悲哀、惊讶、厌恶、愤怒的消极表情时，躯体会作出相应的消极反应，同时伴有心率变慢和体温下降等现象；而当人们露出微笑时，心率会加快，体温会上升，情绪也能得到好的转变。

微笑有和解的意愿，它是合作心理的反应，也是快乐、轻松和自信的标志。当你微笑时，对方会被你的诚恳大方、积极主动所感染，从而改变固执的态度和不良的情绪，对彼此的交流更为有利。

　　这样看来，世界上没有比用微笑就能达到目的再便宜的事了。

　　在社交的花圃里，我们不能缺少笑声，也不能没有笑声。我们应该有一双聪慧的善于发现的眼睛，时时看到生活中美好的一面；也应该有一双灵敏善于捕捉欢乐的耳朵，聆听生活中令人欢娱的声音。每个人嘴角上的花——笑容，该是永不凋谢枯萎的。

[平等待人才能
赢得他人的信任]

"士为知己者死"，只有以平等的姿态去对待他人，才可能交到朋友，尤其是那些身份比你低的人，你若高看他一眼，在关键时刻，他必然会挺身而出，为你赴汤蹈火、两肋插刀。大多优秀的老板都会把关心员工，以平等的姿态对待员工当做是必修的一门课程。

日本神户一家华人夜总会里有一位优秀员工，在来这里工作之前，他曾经在好几家外企公司服务过。但是无论他怎样努力工作，都得不到公司老板的认同，总是被老板找各种理由辞退。更过分的是，他工作的最后一家公司，老板竟然以遗失东西为由，炒掉了所有有嫌疑的员工。

后来他就来到了这家华侨老板的夜总会。

在这里，他工作得十分出色。一天，他在上班的时候，看见办公室的桌子上摆放着一个大蛋糕。他以为是哪位同事生日，并没有太在意。

而后有人通知他说："董事长为了一件非常重要的事，要和您太太谈谈，她正在赶来的路上。"

这位员工心中猛然一惊，心中非常忐忑不安，担心有什么不好的事情要发生。

这时，公司广播通知所有员工到办公室去。

所有人都到齐之后，董事长步入办公室兴高彩烈地宣布："生日宴会现在开始。"

他既兴奋又惊讶地被安排坐在指定的中央位置，而他匆忙赶来的妻子则被安排坐在他旁边的椅子上。桌子上面放着他见过的蛋糕，上面用巧克力写上了他的名字。他的眼睛湿润了，自己的生日连自己都忘了，董事长却还记得，而且在百忙之中还亲自来主持宴会。

接着，董事长又宣布公司特许他一天假和太太出去庆生。

他受宠若惊，在以后的工作中，他的成绩更加突出。

"士为知己者用"，这是中国一句老话。很多华侨企业家正是利用这一点，平等与员工相处，让员工从心里觉得老板和自己是知己，从而尽心尽力为企业服务。

女强人吴舜文，平时工作很忙，不能与员工一起喝酒、唱歌，然而在与员工必要的相处上，她却非常讲究。

一次，公司组织游园会，那天她刚好忙完一个项目，精神和体力都差不多透支。然而，当公司员工邀请她参加游园时，她还是强打起了精神，穿起了运动服，戴上运动帽，神采奕奕地来到了会场。

她一路笑容满面，与员工家属打成一片，买了好吃的零食给小孩，与公司职工们亲切地交谈，没有任何领导的架子。

从这个例子可以很轻易看出吴舜文公司的员工能始终保持热情的原因。

平等是对员工的尊重。在聚集自己人脉资源的过程中，平等待人是赢得他人信任的前提，也惟有平等相待，才能巩固自己的人脉。

待人处世
多一些宽容

海纳百川，有容乃大，宽容是个人品质的表现，它往往能折射出一个人待人处世的艺术。

宽容不仅有益于身心健康，而且对赢得友谊，维持家庭和睦、婚姻美满，乃至取得事业的成功都有着不可忽略的作用。因此，在日常生活中，无论对老人、对家人、对领导、对同事、对顾客、对病人我们都要有一颗宽容的心。

但是宽容不是软弱，不是纵容，也决不是无原则的宽大无边，它是建立在自信、助人和有益于社会基础上的适度宽大，它是个人自觉的遵守道德规范的体现。大事讲原则，小事讲风格。对于小错的人，宜采取宽恕和约束相结合的方法；而对蛮横无理屡教不改的人，宽容就行不通了。

维克多·雨果——法国19世纪的文学大师曾说过这样一句话："世界上最宽阔的是海洋，比海洋宽阔的是天空，比天空更宽阔的是人的胸怀。"宽容别人，自己也会得到无边无际的快乐。

相传在古代有位老禅师，一日晚在禅院里散步，看见墙角边立着一张椅子，他一看便知是有位出家人违犯寺规越墙出去了。老禅师却不声张，走到墙边，移开椅子，就地而坐。

少顷，果真有一小和尚在黑暗中踩着老禅师的脊背跳进了院子。当他双脚着地时，发觉刚才踏的不是椅子，而是自己的师傅时，小和尚顿时一脸惶恐，惊慌失措。但出乎小和尚意料的是师傅并没有责骂他，只是用很平静的语调说："夜深天凉，快去添一件衣服吧。"

老禅师一定是知道，宽容是一种无声的教育，比起责骂宽容才是行之有效的方法。

宽容是人难得的品质，它需要博大的胸襟和容人的雅量。

有人说宽容是软弱的象征，其实不然，软弱的宽容根本就算不上真正的宽容。人的烦恼主要来源于自己，即自己画地为牢、作茧自缚。宽容，首先要求对自己宽容，只有会宽容自己的人，才可能对别人也宽容。

电视剧《成长的烦恼》里发生的都是烦恼的事，但是剧里儿女、邻居间的宽容，最终把烦恼化作了阵阵笑声。

淡泊人生是宽容的良方，轰轰烈烈固然是进取的写照，但成大器者，绝非是追求功名之辈。宽容地对待自己，就是心平气和地工作、生活。每个人都各有所长，各有所短，争强好胜容易失去做人的乐趣，只有勇于承认自己的缺点，才能扬长避短，才能不因嫉妒之火吞灭理智。

三国时，诸葛亮初出茅庐，刘备将其视为兴复汉室的希望，夸赞自己得到了诸葛就像如鱼得水，而关、张兄弟却不以为然。在曹兵突然来犯时，兄弟俩更是对诸葛亮冷嘲热讽，但是诸葛亮胸怀全局，毫不在意，仍然大公无私地重用他们，结果新野一战大获全胜，关、张兄弟也由此对诸葛亮佩服得五体投地。

如果诸葛亮耍小心眼，争论纠缠，不顾全大局，冷落关、张，势必造成将帅不和，人心分离，哪能有之后三国鼎立的全胜局面呢？

唐朝谏议大夫魏征，常常犯颜苦谏，屡逆龙鳞。但是唐太宗把魏征看做是自己的得失镜，对他以宽容为怀，诚心受教，由此开创了史称"贞观之治"的太平盛世。

真正的宽容，应该是能容人之短，又能容人之长。如果他人一语不善，你便怀恨在心；一事唐突，你便抓住不放，这就缺乏基本的社会生存能力，只有那些能宽容且有容人之雅的人，才能在社会上长久地立足下去。

宽容的过程同时也是"互补"的过程。对别人的过失加以适当的批评和帮助，日后在自己遇到类似的事时，便可避免大错；自己有了过失，亦不能灰心丧气，一蹶不振，同样要以大方的心态处理，并吸取教训，引以为诫，重新扬起工作和生活的风帆。

真正的宽容，能取人之长，补己之短，让自己获益匪浅。

人脉资源
要谨记"双赢"二字

激烈的竞争中，需要双方真诚的合作，而长久的合作则要靠"双赢"作为保证。合作的任何一方，不赢反亏，就不能达成继续合作的基础，若一方在合作中受到伤害，就必然会造成"你死我活"的局面。

有这么一则寓言故事：

一只狮子和一只狼同时发现了一只小鹿，于是便商量共同去追捕这只小鹿。它们合作得很好，当野狼把小鹿扑倒在地时，狮子便上前一口把小鹿咬死了。

这时狮子起了贪心，不想和野狼平分这只小鹿，于是起了歹心，想把野狼也咬死。于是他们发生了一场激战，虽然野狼拼命抵抗，还是被狮子咬死，狮子也深受重伤，无法享受美味了。

试想一下，如果狮子不如此贪心，遵守先前的约定，与野狼共享那只小鹿，也不会落得两败俱伤的局面。

这个故事就告诉我们，要时刻遵守游戏规则，要在双赢的基础上为自己谋利。

经常听人说，人生犹如战场，但是人生毕竟不是战场。战场上敌对双方不消灭对方就势必被对方消灭，但是人生赛场却不一定如此，在能够互利的情况下，为什么非得争个鱼死网破，两败俱伤呢？

大自然中出于动物本能的生存需要，弱肉强食已成了自然法则，但是人类社会不同于动物界。人类社会中，个人和个人之间，团体和个体之间的关系是相互依存的，任何"你死我活"或"你活我死"的游戏都是不利于自身的。

社会生活中，采用"双赢"的竞争策略是很明智的选择，这并不是在个人无力扳倒对手的情况下采取的一种退让，而是为了现实的需要。如前文所说，任何

"单赢"的策略对自己都是不利的，因为它必然会有这样的结果：

1. 除非对手是个软弱角色，否则你在与对方进行争斗的过程当中，势必会付出很大的心力和成本，这样当你最终彻底打倒对方获得胜利时，你大概也已心力交瘁了，甚至所得还不足以弥补你的损失。

2. 在文明社会里，你不可能将对手绝对毁灭，因此你步步相逼得来的"单赢"会引起对方的愤恨，成为你日后的潜在危机，陷入冤冤相报的循环里。

3. 在双方力争的过程当中，不可避免会有意外出现，如果咄咄逼人的你一下由胜利的一方变为失败的一方，那对方必会以其人之道还治其人之身。

人在自己处于绝对优势时，常会忘记双赢，这样必然会赢得凄惨，这种赢和失败差不多。无论是实质利益，还是长远利益，或是任何一个角度来看，那种"你死我活"的争斗都是不利的，我们必须活用"双赢"的策略，彼此相依相存。

在人脉资源上，我们要能够彼此和谐互助，面对利益时共同分享；在商业合作上，讲求双赢，用薄利换取长久的合作，长久的利益互享。

总而言之，"双赢"是一种良性的竞争方式，它适合于现代社会的企业合作关系。

建立人际关系的 一条捷径是赞美

在积累人脉资源的过程中，懂得赞美别人是建立人际关系的一条捷径。

"良言一句三冬暖"，适当的赞美，既能温暖别人的心，也能缩短双方心与心的距离。

赞美是一门学问，其中的奥妙无穷。最有力的赞美就是能抓住赞美事物的实质。

许多人在赞美上常犯的错误就是只知其一，不知其二，不懂装懂，从而见了什么都说好，见了谁都说优秀。这样会让你的语言不到位，赞美不到点子上去，切不中要害，缺乏力度和可信度。

在书法展上我们经常听到一些人发出这样的赞叹："这字写得真好！"问他究竟好在哪里，他却支吾半天说不出个所以然来；又或者有人慨叹："这手字真乃绝活！我一个认不出来！"这样的赞扬，自露浅薄。

隔行如隔山，做一个赞美者，至少要略微懂得专业知识。现代社会中专业分工很细，各专业相对独立，自成相对封闭的系统。如果你知识面狭窄，很可能在赞美时找不到方向，空怀一颗善良的心，却无法表达出来。

要做到毫不做作的赞美，首先就必须善用专业术语。术语是构成一门学问的细胞，是其基本构成要素和基本概念，然后还要对某一行有着一定的造诣，你的赞美才会令人信服，且很容易得到对方的认同。

赞美者还要独具慧眼，来发现其他人发现不了的优点、长处和特别之处。

1. 了解对方引以为荣的事情

人一路成长过来，其中不乏自己引以为荣的事情。对于自己引以为荣的事情，如果得到了他人衷心的肯定和赞美，一定会是一件高兴和自豪的事。

对于陌生人，你可以从他的职业，所处环境及历史年代大体推断出让他引以为荣的事情。

就像一位将军引以为骄傲资本的往往是他曾经立下的累累战功；一位研究历史的教授引以为豪的则必然是自己发表的论文和专著；律师往往会以自己办的影响力较大的案子为骄傲；纵使是一个农民，也会为比别人种得好的庄稼而生出几分成就感。

真诚地赞美一个人引以为荣的事情，对对方来说是一件很享受的事，同时也可以赢得对方的信任，使他更容易接受你的建议。

这时就要注意三点：其一，赞美的话语表达要准确，不能偏离事实，过于夸大；其二，赞美必须是由衷的，发自肺腑的言语，不要过分虚伪；其三，赞美时要专注对方的眼睛，让被赞美者感受到你为他快乐的心情。

2. 了解对方的爱好

每个人都有自己的爱好，有自己的专长。比如琴、棋、书、画，养花种草，甚至吸烟喝酒也算得上是爱好。

爱好是一个人的乐趣所在，常言所说的志趣相投，很大程度上是指兴趣、爱好接近，从而才使两人走到一起。尊重别人的爱好，可以赢得别人的喜欢。

为了自己的爱好，每个人都会舍得花钱，也舍得投入时间和精力，有的甚至能达到废寝忘食的境界。对部分人来说，爱好就像命根子，任何人若冲撞了这项爱好，轻则讨人嫌，重则恩断义绝。

要做一个赞美高手必须先了解别人的爱好，并懂得尊重别人的爱好，适时赞美别人的爱好。要想使你的赞美真正能够直抵其心，你必须有一"技"之长。

1. 爱屋及乌

如果你要赞扬的对象是一个足球迷，那么你不论夸他足球知识渊博，劲头足，还是赞扬他喜爱的球队，他都会感到高兴。

2. 虚心请教

一般说来，爱什么懂什么。一个人若爱好书法，必定有丰富的书法知识；一个人爱钓鱼，钓鱼经验必定丰富。聪明的人就知道这时没有必要恭维其爱好如何如何，这样的话他必然听得多了，你夸完他，他脑中也留不下半点痕迹。

这时，如果你毕恭毕敬，虚心地向他讨教一番，他在耐心地向你传授其中的一二奥秘时，你自然也就满足了他的夸耀欲。

3. 让自己"外行"一些

两个萍水相逢的人，如若爱好相同，就可能一见如故。爱好相同的两个人相处时，谈得最多的自然是彼此的爱好。

爱好相同的人互相切磋的全神贯注状会让人心生佩服，但是也会因某一技术性问题争得面红耳赤。这时，你若想恭维对方，不妨把自己表现得"外行"一些或水平略低一筹。

赞美的高境界应该是不露声色，沁人心田却不留痕迹。

尊重他人，学会用心去倾听

倾听是一种别样动听的语言。专心地听别人讲话，是我们所能给予他人的最大尊重。

许多人去找心理医生，但实际上他们需要的只不过是一名听众而已。

乔·吉拉德说："有两种力量非常伟大，一是倾听，二是微笑。你倾听对方越久，对方就会离你越近。据我观察，有些推销员总是喋喋不休，上帝为何给我们两个耳朵一张嘴？我想，他的用意就是让我们多听少说！"

聆听是世界上最动听的语言，乔·吉拉德对这一点的感触很深。

在一次交易中，乔·吉拉德花了近半个小时才让顾客下定决心买车。而后，乔所需要做的最后一件事就是带领顾客走到自己的办公室里，签下一纸合约。

当他们向办公室走去时，顾客开始向乔提起他的儿子，因为他儿子就要考进一个有名的大学了。他十分自豪地说："乔，我儿子以后会成为一名医生。"

"那太棒了。"他们边走着，乔一边心不在焉地说。

"乔，我的孩子很聪明吧，"顾客继续说，"在他还是婴儿时我就发现他相当聪明。"

"成绩非常不错吧？"乔说着，目光仍然落在别处。

"在他们班是最棒的。"顾客又说。

"那他高中毕业后打算做什么？"乔礼节性地问道。

"我告诉过你的，乔，他要到大学学医。"

"那太好了。"乔说。

突然地，顾客停下来看着他，大概是意识到乔太忽视他所讲的话了。

"嗯，乔，"顾客突然说了一句"我该走了。"

下班后，乔回到家里回顾了一下他今天的工作，对他做成的交易和他失去的交易做了分析，他开始考虑白天那位客户离去的原因。

第二天上午，乔给那位顾客的办公室打电话说："我是乔·吉拉德，我希望您有时间能来一趟，我这有一辆好车推荐给您。"

"哦，世界上最伟大的推销员先生"，电话那头说，"我想让你知道的是我已经从别人那里买了车。"

"是吗？"乔问道。

"是的，我从那个欣赏、赞赏我的推销员那里买的。当我提起我儿子吉米时，他是那么认真地听"。

随后他沉默了一会儿，又说："乔，你失败就在于你没有认真听我说话。是的，对你来说我儿子吉米成不成为医生并不重要。好，现在让我告诉你，你这个笨蛋，当别人跟你讲话时，你得听着，而且必须全神贯注地听。"

顿时，乔明白了他当时有多愚蠢，此时，他才意识到自己犯了个无法挽回的错误。

"先生，如果这就是您没从我这儿买车的原因"，乔说，"那确实是个不错的理由。如果换作我，我也不会从一个不善于倾听的推销员那儿买东西。我对我的过失表示十分的歉意。但是，您介意听一下现在我的想法吗？"

"你怎么想的？"那位顾客说道。

"我认为您很伟大，您的儿子也的确十分优秀。我敢打赌您儿子日后一定会成为最出色的医生。我很抱歉先前让您觉得不愉快，但是您能给我一个赎罪的机会吗？"

"什么机会？"

"如果您还能再来，我一定会向您证明我是一个忠实的听众，我也会很乐意充当一名听众。当然，经过昨天的事，您不想再来也在情理之中。"

三年后，那位顾客又来了，乔卖给他一辆车。而且他不仅买了一辆车，还介绍了他许多同事来这买车。后来，乔还卖了辆车给他的儿子——吉米医生。

这就是倾听的力量！倾听是给我们带来人脉的通道，也是带来财脉成本最低的方式。你只要求你会倾听，不需要什么成本投资。

　　因此，如果想要把握住眼前的机会，就先学会倾听吧。正如查尔斯·洛桑所说的："要引起别人的兴趣，就要先对别人感兴趣——问别人喜欢回答的问题，鼓励他谈谈自己的成就。"

　　请记住：当你下次开始跟别人交谈的时候，别忘了这点——跟你谈话的人对他自己、他的需求和他的问题，比他对你和你的问题，要感兴趣千百倍。

　　因此，如果你要有所成就，请记住：做一个好的听众！

[你能力越强，人脉才越广]

做一个个性坚强的人，给自己一个成功的机会。成功的道路是靠自己闯出来的，美好的前途源于自强自立和不屈服于任何权威的秉性，用自我的努力找到属于自己的自尊吧。

靠自己的力量，实现自己大大小小的梦想，千万不要把希望寄托在任何一个人身上，在梦想面前，任何人都可能会对你失约，任何人都不值得你信任。

魏特利有幸在年少时，便学会了自立自强。

魏特利九岁时，在圣地亚哥附近有一个陆军炮兵团，日子久了，驻扎的士兵和魏特利成了好友，会在一起来消磨无聊的闲暇时间。他们时不时会送魏特利一些军中纪念品，像陆军伪装钢盔、背带及军用水壶等等，魏特利则以糖果、杂志，或邀请他们来家中吃便饭，作为回赠。

一天他的一位士兵朋友说星期天上午五点要带他到船上去钓鱼，他雀跃不已。因为他从未靠近过一艘船，平时他总是在桥上、防波堤上，或岩石上，羡慕地眼看着一艘艘船开往海中，他总是梦想着有一天能在船上钓鱼。因此，他对这位士兵朋友感激不已，当时就决定星期六请这位士兵朋友来家里吃晚饭。

为了确保不会迟到，周六晚上魏特利和衣上床，甚至还穿着网球鞋。即使这样他在床上还是无法入眠，总是幻想着海中的石斑鱼和梭鱼，在天花板上游来游去。清晨三点，他就爬出卧房窗口，备好鱼具箱，另外还带上了备用的鱼钩及鱼线，并将钓竿上的轴上好油，还准备了两份花生酱和果酱三明治。四点整，他所有的准备都做好了——钓竿、鱼具箱、午餐及满腔热情，魏特利坐在家门外的路边，摸黑等待着士兵朋友的出现。

但是他的士兵朋友失约了。

在巨大的失望面前，魏特利没有因此对人的真诚产生怀疑或自怜自艾，他也没有爬回床上生闷气或懊恼不已，或者向母亲、兄弟姊妹及朋友诉苦，说那家伙没来，失约了。相反的，魏特利跑到附近汽车戏院空地上的售货摊，花光了帮人除草所赚的钱，买了一艘上星期他在那儿看过、补缀过的单人橡胶救生艇。近午时分，魏特利才将橡皮艇吹满气，把它顶在头上，里头放着钓鱼的用具，活像个原始狩猎队。他自己摇着浆，滑入水中，假装自己启动了一艘豪华大油轮，兴致勃勃地航向海洋。

那天他钓到了一些鱼，享受了自己的三明治，用军用水壶喝了些果汁，这在日后成为他一生中最美妙的日子之一，就像生命中的一大高潮。

魏特利经常回忆那天的光景，沉思那天他所学到经验，在9岁那样稚嫩的年纪，他就懂得了：不要把全部希望放在别人身上，自己要先满足自己，单一的靠他人，一旦落空，随之而来的将是极大的打击与失望。

对魏特利而言，那天去钓鱼，是他最大的希望。在士兵失约后，魏特利极有可能被失望的情绪所击溃，也极可能只是回家自我安慰："你想去钓鱼，但那阿兵哥没来，这就算了吧！"相反的，对于小小年纪的他，他显然已经明白：仅有欲望还不足以得胜，还要立刻行动，要自立自强，别人给不了的东西，自己去实现它。拥有这股韧性就足以创出一番天地。

[大家更愿意
结交自信的人]

任何时候都要自信，一旦在权威面前养成屈膝哈腰的习惯，不但自己活得卑躬屈膝，而且还会遭到旁人鄙夷的目光。

世界著名交响乐指挥家小泽征尔在一次欧洲指挥大赛的决赛中，按照评委会给他的乐谱指挥演奏时，发现有不和谐的地方。一开始他觉得是乐队演奏错了，就停下来重新演奏，但仍不如意。

这时，在场的作曲家和评委会的权威人士都郑重地申明乐谱绝对没有问题，而是小泽征尔自己产生了错觉。面对着一批音乐大师和权威人士，小泽征尔思考再三，突然大吼一声："不，一定是乐谱错了！"话音刚落，评判台上立刻爆出热烈的掌声。

原来，这是评委会精心设计的圈套，用这个方法来检验指挥家们在发现乐谱错误并遭到权威人士"否定"的情况下，能否坚持自己的正确判断。前两位参赛者虽然也发现了问题，但终因趋同权威而遭到淘汰。小泽征尔果断坚持了自己的想法，因此，他在这次世界音乐指挥家大赛中摘取了桂冠。

智慧与勇气同在，没有智慧不行，没有勇气也不行。有智慧的人不一定有勇气；但缺少智慧的人，往往没有勇气，或者有，但也只是一种冒失。那么，怎样才算是有勇气呢？即：不为外部势力所威所慑，视任何强大势力若无物，担负艰巨工作而无所怯。

譬如：在军阀问题上，有人激于义愤持坚决打倒的态度；但同时也有人觉得这是一个无可奈何的局面，只有迁就，惟有随从，才能保身。后者没有勇气，他们对既成的局面，往往认为是不可改变的。

孙中山先生是一个有大勇的人，他以一个匹夫之身，想要推翻二百多年大清帝国的统治，没有勇气和决心，是不能作此想的，同时如若他没有智慧，也不可能有这个想法。但是，他又为什么不为强大无比的清朝所慑服呢？只是他知道任何局势都是可变的；他又何常不觉得自己渺小呢？当一个渺小的人去做不可能的事时，这便是大智。

勇气是自信的一种体现方式，自信的人，东西南北风都刮不倒。无论什么事，只要看到一点可能，无论多么艰难，你都要鼓起勇气去做。

人生的路是自己的，怎么走，是你的选择，但是人生的精彩就在于毫无畏缩地走向理想。

赫尔岑——俄罗斯杰出的思想家、文学家，他年轻时，有一次，他的一位女朋友请他去参加一个音乐会。音乐会开始没多长时间，赫尔岑就用双手堵起了耳朵，低着头，满脸的厌倦之色。不久，竟打起了瞌睡。

女朋友看到赫尔岑这样，很是奇怪，问他："难道你不喜欢音乐吗？怎么音乐一响你就成了这副样子？"

赫尔岑摇了摇头，说："这种怪异、低级的乐曲有什么值得我听的？"

"你说什么？"女朋友疑惑不解，"天啊！你说这音乐低级？你可知道，这是现在社会上最流行的音乐啊！"

赫尔岑心平气和地问："难道流行的就一定是好的吗？"

"那当然，不好的东西又怎么能流行起来呢？"女朋友反问。

"那照这样说，流行感冒也是好的了？"赫尔岑微笑着回答。

女朋友顿时哑口无言。

人的自信，还往往受到心理因素的影响。一件事情的不同解释，往往能够给当事人带来不同的心理暗示。

相传，以前有个书生，屡试不第。这一年又适逢开科，书生又欲往应试。行前晚上，书生做了三个怪梦，大惑，不知功名是否有望，第二天一早就特地去寻求善于圆梦的岳母的解说。登门拜访，适逢岳母外出，姨妹接待说："小妹我亦能解梦，姐夫但说无妨。有些难解之梦，母亲还来找我商量呢！"

书生犹豫片刻，说："我第一个梦是梦见我家的墙头上孤零零地长出一棵草来。"

姨妹说："这是暗喻你没有根基。"

书生又说："第二个梦，是梦见我戴着斗笠头顶还打了一把雨伞。"

姨妹解释："这是说你多此一举。"

书生听了很是扫兴。姨妹接着问："第三个梦呢？"

书生便说："恐有冒犯，不说罢了。"

姨妹说："梦里虚实不真，自家人面前，但说无妨。"

书生说："第三个梦，是梦见我和你背靠背睡在床上。"

姨妹瞪了书生一眼道："那是说你是痴心妄想！"

书生听罢甚为懊恼，看来此次科考又无望了，于是失望而归。

行至半道，恰遇岳母，遂告之。岳母闻言大喜，连说三个好兆头。书生不解，岳母解释说："第一个梦，墙头上孤零零地长出一棵草，是说你将高人一等；第二个梦，戴着斗笠还打伞，是说你即将官（冠）上加官（冠）啊。"书生眉头渐展，急忙问："那第三个梦又作何解释呢？"岳母回答："那是说你总有翻身的时候。"

书生听了，喜上眉梢，立即收拾行李进京应试，结果一举高中。

书生的成功，关键不在梦见什么，也不在解梦的方式。

而在于，他重新获得了信心。

未雨绸缪，
轻松应对
不同人脉

6

在人际交往中，

难免会遇到各种各样的人，

也难免会遇到各种各样的局面。

如果处理不好，

则可能让自己得罪人，或者使自己出糗，

无论哪一种都是我们不愿意看到的。

因此，为了避免这种事情发生，

我们必须未雨绸缪，

学会如何破解这些难题。

不按常理出牌的人 其实也能搞定

　　说评书的单田芳有句口头禅："人到一百，形形色色。"意思是说，林子大了，什么样的鸟都有。而在人际交往中，我们不可避免地要与各种性格的人打交道。暴躁的、专横跋扈的、执拗的、不懂装懂的、一声不吭的、嫉妒成性的……这些人的性格大大异于常人，不按理出牌，常会做一些人们不希望看到的事情，很难相处。弄得不好，你还会因为他们吃不少苦头，受许多难堪，无以应对。

　　真的无以应对吗？

　　有句西方谚语说："与魔鬼交往的通路是由善意铺成的。"即使那些难缠的人像魔鬼一样奸诈狡猾，善意加上恰当的技巧，也是可以与之和平相处，甚至成为朋友的。

　　首先，要巧妙使用同化和转化。俗话说："物以类聚，人以群分。"相处得较好的人，往往是性格比较相近的人；而有隔阂、矛盾的，也多是性格差异较大的人。如果与人相处，把焦点放在自己与别人的共同点上，我们与人相处就容易多了。先同化后转化，才能与这些难缠人物成功沟通。

　　与难缠人物交往时还要善于耐心倾听。当一个人用言语表达自我时，希望有个听他说话的人，更希望听话者能理解他。即使是一个人处在心烦意乱，连自己想要说什么都不清楚的情况下，也希望别人能尽心倾听。当你能真正有耐心倾听让你头痛的难缠者的讲话时，他就不会和你事事过不去，甚至还会敞开心扉，和你坦诚相待。所以，主动倾听对方并了解对方，是对付难缠者的一大绝招。

　　倾听很重要，而让对方知道并相信你了解他们所说的，更为重要。所以，不仅要耐心去听，还要学会附和、复述和澄清。

　　在交往时要学会识别他人的动机。有些令人头痛的行为，是源于一个正确的动机。爱唠叨的妻子，往往是出于对丈夫和子女的一片挚爱之心；爱发火的师长，也可能完全是因为恨铁不成钢；好嫉妒则是由于这个人有过于强烈的上进心……辨识表面行为背后的良好动机，会扭转与对方的对立和矛盾，减少这些行为造成的负面效果。

另外，还要善于言表，树立良好的自我形象。对于这一个人是防御还是信任，是愿意与之合作还是拒于千里之外，常常是通过听其言、观其行来进行判断的。所以，要让人信任自己，就得注重自我形象的塑造。

和难缠人物交往，要比和普通人交往更加小心谨慎，但是，只要你应对得当，他们一定能成为你忠实的朋友。

一步一步感化
贪小便宜的人

在现实社会中，人们都喜欢同那些豪爽而热情的人打交道，与贪图小便宜的人则保持着一定的距离。但如若不擅长跟他们相处，也就意味着丧失了一部分交朋结友的范围；贪小便宜的人往往容易被孤立，这样对事业的发展没什么好处。

社会心理学家指出，一个人的行为并不能说明他的动机，它们之间的联系是错综复杂的：同一个动机，可以衍生许多不同的行为；同理，同一种行为也可能是由多个动机所导致的。"贪小便宜"是一种行为表现，并不是全面代表了一种沾满了铜臭的自私表现；就算是奉行利己主义的人，也并非完全无可救药，更何况，每个人表现的具体程度是不同的。

一般来看，贪小便宜者包括两种：一种是受生活背景影响；另一种是被生活观念所驾驭。所以，跟有着不同心理状态的贪小便宜者进行交往，就要保持相应的态度，以不同的钥匙去解开他们心里的枷锁。

有些人之所以贪小便宜，是受社会环境（特别是家庭环境）的影响所形成的。这种人没什么远大的理想，也没多少文化知识，对自我要求很低，不求上进。这类人，一般没什么心计，性格外向，接人待物毫不隐讳，容易让人深入了解。同这种人打交道，要注意进行正面教育，提高他们对学习和工作的认知性，从而最终提高其理想层次。只有理想层次得以提高，他们才会意识到自尊的可贵性，贪小便宜是如此不光彩的一件事，他们也就会慢慢改过了。对这类人，可以积极引导，但绝不能姑息。否则，只会让他们越来越依赖这种不好的行为。值得注意的是，对他们绝不要进行讽刺挖苦。这样会从根本上伤害他的自尊心，不利于其改过。

另外一种贪小便宜的人，他们的行为通常受一定的意识形态所支配，直接可以反映出他的生活观念。这类人，通常都有着比较不一般的生活阅历，遭遇过生活中的一些磨难，故经常以"自我"为中心。

同这类人打交道时，采取普遍性的说教方式，是不能有效解决其观念形态的问题的，而是要真诚地与之交流，以自己的博大胸怀去感化和教诲。在平常的工作、学习以及生活中，用真心去帮助和关心他们，让他们在自己的付出中懂得感恩。例如，你可以得空热情地请他去看场电影，吃饭的时候抢先付账，对他表现出自己的尊重和关爱之情。可以适时的讲一些他所敬佩的人的宽宏大量，不在乎个人得失的事件，令他慢慢认识到自己的缺陷。

不管是因为哪种心理状态，贪小便宜的心态是冰冻三尺，非一日之寒，要想一下子帮助他们改掉这个坏毛病，是天方夜谭，在进行的时候要循规蹈矩，一步一步来。要是仅靠自己很难感化一个人，你可以请几个要好的朋友一起帮忙感化。当他真的能懂得你一颗真诚的心后，自然会对你心存感激，你们由此建立起来的情谊，必定是十分干净、牢固的。

搬弄是非
之人要远离

君子坦荡荡，小人常戚戚。的确，一个君子，眼睛里看到的永远只是自己脚下的路；只有小人，才会对搬弄是非这件事格外上心。因此，面对是非议论，必须要小心谨慎。

有人曾对某地区八所中学的782名高中学生进行了一项调查，征询"你平时最看不惯什么？"的答案。结果，居然有半数左右的学生（女生较多）回答说："最看不惯被人背后议论"。"人言可畏"，可见这句话说的多么的精确！人就是如此：每个人都免不了说别人的一些闲言碎语，同时也免不了被别人当做笑谈。己所不欲，而施于人，这似乎是人的一条劣根性。在背后议论别人，对于这种现象谁都不陌生。但由于每个人的认识程度有所偏差，人们之间的好恶向背的情绪自然会掺进议论当中；所以，议论也就不知不觉地离事物的真相越来越远。如果，这些议论者是故意借议论进行一系列的造谣和中伤，那就属于心理的变态了。

这里提到的"搬弄是非"，就是说的那些喜欢背后讲人坏话、以挑拨离间为专职的心理变态的人。遇见了这样的人，必须要掌握一些诀窍，不然跟他的相处就会很难。

如何对付这些搬弄是非的人呢？

一是做人要坦荡。人生在世，总有遭人议论的时候。背后的议论，其实也不完全是颠倒是非，有些是符合实际情况的；而议论这些问题的动机，有好有坏。但无论怎样，都要坦然面对，不要因为听到好的议论，就得意忘形，不知道自己姓甚名谁，也不要因为听到难听的话，就变得凄凄惨惨，一蹶不振或者是怒发冲冠，非要找肇事者讲个明白。不然，就会失去心理重心，做出蠢事，而中搬弄是非者设下的圈套。

八十年代，有一部曾经风靡了全国的电视连续剧，名字叫《新星》，或许大家还有一些印象。这里面的县委书记李向南，由于坚持改革而捅下了马蜂窝，流言蜚语一瞬间向他袭来，人们都在传言他私生活很差，乱搞了很多个女人，这件事一时间闹的沸沸扬扬，满城风雨。面对这样的情况，李向南十分坦然的面对。"在私生活上，我本本分分"，这是他的自我评价；"随他们去说吧！"这是他对议论的看法；"时间会证明一切的"、"我只要负责好我的工作"，这是他对议论的回复。

二是做人要正直。背后搬弄是非，本身就是一种缺乏道德感的行为，面对这样的行径不能迁就，一定要正直地站出来，指正造谣者的不当的行为，帮助这些人改正恶习。最有效的办法是，要站在朋友的立场上，尊重对方的人格，给予合理的意见和建议；同时，积极地引导对方树立正确的人生观。例如，当他在谈论别人时，可以先顺应对方的话，肯定下这个人现实中确实存在的不足，接着再谈他的一些长处，最终形成一个合理的结论。

若是对方搬弄是非的习惯固定成为他某个性格，那就不要搭理这种人了，"走自己的路，让别人去说吧！"值得注意的是，千万不要争着抢着要跟这种人进行什么理论。这样只会令大家更加难堪，根本解决不了实质性的问题。切忌一时性急，非要找那人"算账"，一旦打起来了，事情只会变得更糟糕。这对周围的人也会产生不好的影响。

性情急躁的人，通常都容易兴奋和发怒，他们的自我控制力都比较差，很容易就大动肝火，引起争斗。跟这种人相处是有一定的办法的。

诺贝尔化学奖的获得者范特霍夫，因为提出碳原子新理论而遭到德国有机化学家柯尔比的反对。范特霍夫当即表示："柯尔比老先生的长篇大论，自始至终没能否认我研究出来的铁证如山的事实。"柯尔比听闻此言，怒发冲冠，千里迢迢地赶到荷兰，找范特霍夫当面理论。当他怒气冲冲地找到范特霍夫时，受到了范特霍夫热情地招待，听完了对方冷静中带着谦逊地阐述，柯尔比消除了怒气。两位科学家也自此"化敌为友"，开始尝试着进行合作。

从这则故事中，我们可以获得与急躁的人相处的一些方法。

1. 宽宏大量，一笑置之

性情急躁的人如果对你有所冒犯，你必须要让自己冷静下来，要么干脆不要理他，要么瞪他一眼，不作辩解。更可以一笑置之，这种笑可以是泰然处之的微笑，或者是表示蔑视的冷笑，也或者是带着嘲讽的讥笑。最好的是第一种笑，它既可以帮助自己逃脱尴尬的局面，还能让对方知难而退，避免事情的恶化。

2. 暂时忍让，避开锋芒

遇到性情急躁者对你进行冒犯时，若你自己也很急躁，两个急躁相对，针尖对麦芒，很快就能引火上身。你必须冷静下来，暂时忍让，避开锋芒。等对方消气了，再试着跟对方讲道理，进行一系列的辩论和劝说。

3. 开阔胸怀，宽宏大度

只要你胸怀宽阔，自然会容忍下别人的态度，对自己的行为敢于担当，勤勤恳恳，任劳任怨。他吵或者凶，你都只是平心静气地对待；甚至他骂你，你都不予计较。这样就闹不起来了。"宰相肚里能撑船"，只要你拥有宽广的胸怀，凡事不要那么计较，就会让本来发火的对方，火气消退，慢慢收敛起来。

4. 察言观色，防患未然

性情暴躁的人，当他生气时，很容易不看场合地随意发泄。这时，你就委屈自己下好了。跟他计较，就会沦为他的出气筒。因此，你要学会察颜观色，凡事退一步海阔天空，在他火气消退下来时，再跟他详细地说明所有。

努力让自己成为性情急躁者的镇静剂，而不是他们的出气筒。

[聒噪不如沉默，
息谤止于无言]

人的一生中难免不会遭遇别人的误解，和受到他人不公正的批评甚至辱骂，这时就要记住：不要让对方一句不公正的批评或难听的辱骂丢掉了自己的理智，而是应该冷静下来，用沉默化解难堪！

卢先生受到一位同事的辱骂，心中非常愤慨。在回家的路上，他装着满肚子的火气，尽想着如何回报这位辱骂者。

无意之间他走进路边的玩具店，看见两个小学生驻足在一个存钱用的瓷人身边，遗憾的是两个小学生并不能理解瓷人夸张的造形，他们随意地批评瓷人的丑陋，卢先生看了看坐在货架上的瓷人，它依旧乐呵呵地张着嘴，对这些指责无动于衷。

卢先生顿时觉得自己滑稽可笑，自己连一个存钱用的瓷人都比不上，算什么男子汉大丈夫！这么一想，他满肚子的火气一下子烟消云散。之后他掏钱买了一个这个过去不屑一顾的瓷人，用来时刻提醒自己要沉着冷静。

一个人把宝贵的精力与时间放在生闲气上是很不值得的。对于外界的打击与辱骂，也许我们还达不到"爱敌人"的修养程度，但我们至少应该懂得爱惜自己，别让他人来影响你的积极情绪和健康心态。

有关调查表明，长期积怨不但会使自己面孔僵硬而多皱，还会引起过度紧张和心脏病。这验证了德国哲学家康德所说的一句话："生气是拿别人的错误惩罚自己。"

20世纪三四十年代，一直敏于行、讷于言的巴金先生，遭受了无聊小报、社会小人的谣言攻击。

对这巴金先生摆明了自己的立场，他说："我唯一能做的，就是不理！"

是的，受害者若起而反击，反倒如了"小人"的意，因为他们编造的谣言终于发生了作用。

精通哲学、文学和历史学的胡适先生曾在致杨杏佛的信中写道："我受了十余年的骂，从来不怨恨骂我的人。有时他们骂的不中肯，我反替他们着急；有时他们骂的太过火，我倒害怕他们反损了自己的人格。如果骂我能使骂者受益，便是我间接于他有恩了，我自然很情愿。"

巴金、胡适面对他人的辱骂所表现出来的平静、幽默、宽容，是摆脱困境的一种最好解决办法，从这也足以可以看出一个人的睿智。

无论面对多么卑鄙、恶毒、残酷的批评或辱骂，你千万不要变得像对方一样失去理智。这时获胜的唯一战术，就是保持冷静，不和对方发生正面冲突。

有人受了委屈，或受到了误解，总想立即就解释清楚，幻想通过解释来化解矛盾，洗刷自己的冤枉。

其实，这时最好不要去解释。争执中的解释就好比杯水车薪，起不到任何作用，在对方看来你的解释也只能是狡辩。

退一步讲，在争执中没有占上风的一方，会觉得自己当众出丑了，留给他的也只会是越来越重的怨恨；而占了上风的一方，虽然把对方骂得体无完肤，解了一时之恨，可是又有什么实际意义呢？

相互争吵辱骂，既不会给任何一方带来快乐，也不会给任何一方带来胜利，只会带来更大的烦恼，更大的怨恨，更大的伤害；只能加深对立情绪，加深双方的怨恨。所以，很多时候当我们自己深陷其中的时候，要学会把自己当成一个旁观者，用冷静的心态来分析局势。

如果一个人认定了你偷了他的钱包，你能解释清楚不是你偷的吗？有人背后议论你是"白痴"是"骗子"，你要怎样才能解释清楚你不是"白痴"、不是"骗子"？

诸如此类情况下的解释，越解释越对自己不利，所以，还是保持一颗冷静的心吧，坐观事变。

最后记住：聒噪不如沉默，息谤止于无言。

孤僻之人 要耐心引导

在现实生活中，存在这样一种人，他们通常都很内向，总是郁郁寡欢，时常沉浸在焦躁烦恼的氛围里，心情阴郁，几乎没有什么生活乐趣。我们将这样的人称为"性格孤僻的人"。

在与这类人打交道时，一定要掌握一些技巧。

心理学上说，性格是一个人表现在对现实的稳定态度和相应的习惯行为方式上的个性心理特征。一棵参天大树，它的每片树叶都不是相同的；芸芸众生的人间，同样也是形态各异的人，这些人有着自己独特的性格特征。每个人的性格，都集中体现着他的全部生活史。所以，我们在跟性格孤僻的人打交道时，首先必须掌握造成他孤僻的原因，好对症下药，寻找恰当地方式跟他进行有效的沟通。

不论造成他孤僻的缘由是什么，我们在跟其交流时，都要给予温暖与体贴，让他们获得友谊，从别人的付出中体验人生的温暖。体验到生活的情趣。所以，不管是在学习、工作还是其他方面，我们要多为他们考虑和付出一些，多给他们关心和爱，特别是当他们遇上困难，自己没有办法解决的时候，更应主动承担起照顾和关心他们的责任。实践证明，友谊的温暖完全能够消融他们心中的冰霜，帮助他们重新找回充满欢乐的岁月。

性格孤僻的人，通常沉默寡言。有时候，他们会特别在意一件什么事，但就是这样也很少开口说些什么。不谈话就无法真正的交流思想感情。所以，当我们与之进行沟通时，要主动积极，更要认真地选择一些他们关注的话题。相信只要谈话的核心能触到他们的兴奋点，他们自然会跟我们交流的。

性格孤僻的人，总是喜欢抓住话题里的一些细微环节，进行一系列幻想，产生狐疑。一句很普通又简单的话，有时都能引起他们的猜忌，让他们愤懑，并且铭刻在心，严重的会产生相当深刻的心理隔阂。而这种隔阂，他们一般不会直接表现出来，而是用一种微妙的形式展现出来，让当事人无法察觉。所以，交流时，要格外留神，所说的每句话，所用到的措词、选句都要深思熟虑，切忌疏忽大意。

除此之外，我们还要注意多多引导他们阅读一些对他们自身有益的相关书籍，帮他们建立正确的世界观、人生观、社会观，并以此为基础，树立正确的友谊观、爱情观、婚姻观以及家庭观，帮助他们完善人际关系。事实表明，只有这样，才能将两者之间的交往真正深入下去。

最后，要注意引导他们参加一些集体活动，帮助他们拓展一下人际关系，让他们从自己封闭的小世界里跳出来，真正地投入社会的怀抱，慢慢地变得乐观起来。在活动的内容与形式上，应照顾到他们的特点，适当地选择一些轻松愉快的话题。例如：看一场喜剧电影或者是开个集体的party，或者去野外划船，放松一些尘封已久的心情。

孤僻的性格，是在漫长的生活当中形成的，有的已经形成了固定的生活方式，一时间很难改变。在同他们打交道时，你难免会遭遇别人的不理睬，难免会不开心。但一定要有耐心，相信在你付出了自己的心血之后，待到他的心锁被彻底地打开，你们就会变成很好的一对朋友，变得无话不谈，友谊将会地久天长。

[心胸狭窄之人
可忍让不可迁就]

心胸狭窄的人一般都很难容得下人和事，他们对比自己强的人会嫉妒，对比自己差的人则又会看不起。且生性多疑，常常因为一点小事，就经常吃不好，睡不好。实在是害人害己，跟这类人相处的时候，更要掌握一定的绝招。

下面就通过一则三国时代的故事，来理解下如何与这类人打交道吧。

《三国演义》中，有很多记载周瑜与诸葛亮之间的故事的。周瑜乃是东吴的都督，诸葛亮则是西蜀的丞相。为了抵御曹操百万大军的入侵，二人在一起共商国计。周瑜见诸葛亮为人聪明，智慧过人，比自己强很多，就很是嫉妒，于是多次暗中算计，想置诸葛亮于死地；但诸葛亮为人心胸宽广，做事一向是以大局为重，从不计较个人的得失利弊，这才促成了吴蜀的军事联盟，最终打败了曹操的百万大军，为夺取天下奠定了不可小视的基础。

我们能从诸葛亮与周瑜的周旋上，获得以下这些宝贵的经验：

1. 要大度

跟心胸狭窄的人打交道，必定会遇到一些不愉快的事，要是缺乏气量，跟他斤斤计较，那就无法继续你们之间的相处。反之，如果你能大度一些，胸怀宽阔一些，自然就能包容他那些不好的行为，

你们之间就能继续很好地相处下去，同时，这对他也是一种无形的启发。

高尔基曾说："一个人追求的目标越高，他的才力就发展得越快。"所谓的气量当然也包括在才力之内。诸葛亮就是凭借自己的长远的眼光，凡事不喜欢斤斤计较，他才能以一颗宽容的心来接纳周瑜的嫉妒与迫害，在他的心里，时刻惦念着怎样才能联合东吴打败曹操，保证蜀国的安全。因此，他能从个人的恩怨中

跳脱出来，以事业为重。朋友之间也当如此。

如果，对方一味地心胸狭窄，做出了有违原则的事，我们应以工作的大局为出发点，能包容和忍让的就不要太过在意，不要因为一点点个人因素就斤斤计较，耿耿于怀。

2. 要具备忍让的精神

一旦发现朋友因为心胸不够宽广，做了违背原则和对不起自己的事，不忍让难道还有其他的方法吗？除非彻底闹翻，从此分道扬镳，再也不见面。但这在一般情况下，是比较难实现的，因此忍让，是目前解决这类问题的最好办法之一。

忍让，并不代表你放弃了自己的原则。一个人之所以会心胸狭窄，其中一个不能忽视的原因就是他养成了凡事孤立和静止地看问题，所以目光短浅，不能正确认识到事物的各个方面。好比说周瑜，他只看到诸葛亮的才华横溢，只想着一旦诸葛亮帮助刘备强大起来，就会威胁到东吴，却没有意识到目前的严峻情势，面临曹操的百万大军，一味地嫉贤妒能，就会直接破坏掉蜀吴联盟，最终只能被曹军击个粉身碎骨也未可知。

然而诸葛亮却清楚地认识到这一点，所以才能"大人不计小人过"，最终避过了周瑜的百般刁难，令他无法破坏两军联盟的计划。所以，心胸狭窄的人通常都看不清楚眼前的重大局势，错误接人待物。对这样的人进行忍让，绝不是指在姑息他所犯下的过错。对朋友的心胸狭窄可以忍让，但面对他错误的思想与行为，是万万不能迁就的，迁就跟忍让完全是两个不同的概念。

高傲之人
应挫其攻其傲气

在现实生活中，有些人仰仗自己的地位高、学识好、经验丰富，就总是表现出一种盛气凌人的感觉，这些人都极端地蔑视他人，甚至会对别人大肆地进行攻击和中伤。这样的行为，严重地影响了别人的情绪，使得他人的自尊心受到侵害，所以，一定要予以抑制，千万不能让其继续耀武扬威，恶化下去。

以下是对付这种傲气的人的一些经验之谈。

1. 抓住痛处挫其傲气

1959年，美国副总统尼克松前往苏联，去参加和主持美国展览会。就在尼克松前往苏联的前一段时间，美国国会参与和通过了一项决议，是有关于被奴役国家的决议。苏联领导人赫鲁晓夫对此十分不满。所以，当尼克松与他进行面谈时，他一度的傲慢无礼，自始至终都带着一股冲天的傲气，非常气愤且带着充满蔑视地对尼克松说："我很迷惑贵国竟然会在如此重要的一次国事访问前夕，贸然通过这样的决议。你们的这种行径，不由得使我想起了俄国农民的一句谚语，'切忌在茅房吃饭'。这个决议就好像是谁刚拉下来的大便一样，在这个世界上，恐怕就属你这堆大便最臭了。"

面对这些傲慢无礼的词汇，尼克松毫不犹豫地回敬："我想主席先生您是记性不好了，在这个世界上比马粪还臭的东西是有很多的，其中最配的上你的那就是猪粪！"赫鲁晓夫听后，气势大去，脸上竟然红一阵白一阵，泛起了一阵羞涩。原来，他在年轻的时候，曾经是一名猪倌，想必他一定闻过猪粪的味道，所以机智的尼克松马上抓住赫鲁晓夫这一痛处，给予他强有力的回击，彻底挫败了他的傲气。

这种方法的特点是，要将对方的痛处能够精确地掌握在手，且痛处一定要是客观存在的，这样才能击退其傲气的根基，令对方深刻反思自己的行为，从而收回自己的傲气，对自己的出言不逊感到惭愧。

2. 抓住弱点攻其傲气

英国驻日公使巴克斯，为人相当的傲气十足，他在跟日本外务大臣寺岛宗常，以及陆军大臣西乡南州进行会谈的时候，经常是一副不屑一顾的样子，并且，还常常嘲讽这两个人，说一些不堪入耳的坏话。但是，每当他遇到难办且让自己危难的事情时，他总爱说这么一句话："待我跟法国公使面谈以后再说吧。"寺岛宗常与西乡南州两个人计划决定借由这句话使劲攻击一下巴克斯，让其彻底改变一下傲气十足的行为。

一天，西乡南州故意询问巴克斯："我想请教您一件事情，英国到底是否是法国的附属国家呢？"

巴克斯听后，毅然决然地挺起胸膛，然后依然很傲慢无礼地回答说："你这种认为太荒谬。要是你是日本陆军大臣的话，那么，完全就应当清楚英国不是法国的附属国，英国乃是世界最宏伟的立宪君主国，甚至都不能同德意志那些共和国相提并论！"

西乡南州则冷静地回答："我之前也以为英国是个伟大的独立国，可是现在，我改变了自己的这种想法了。"

巴克斯突然愤怒地质问："这是为何？"

西乡南州则从容地回答说："其实，也没什么其他的原因，只是因为每次我们代表政府跟你议论国际上的那些问题时，你总找理由说等你跟法国公使面谈后再回答。倘若英国是个独立的国家，那么，为什么必须要等跟法国公使的谈话结束后才能回答问题呢？如此看来，英国怎么就不是法国的附属国呢？"

傲气十足的巴克斯听完对方的一席话，顿时变得哑口无言，就好像哑巴吃黄连，从此，他们在互相讨论问题的时候，巴克斯逐渐收敛了自己傲慢的脾气。

西乡南州运用其语言上的弱点，针对巴克斯的傲慢进行了一番回击，且取得了很好的效果。可以说，每个人都存在着自己的弱点，傲气的人相对比一般人来说，都很难发现和承认自己身上的弱点。一旦别人抓住这个弱点，进行攻击，便能意识到自己存在的错误，就会瓦解掉自身傲慢的气势。

3. 巧设难点抑其傲气

一些人自以为自己的知识广博，阅历丰富，所以就目空一切，什么都不放在眼里，总是一副高高在上，而又不可一世的姿态。面对这种傲气者，你只需要巧妙地布置一个难题，就可击退他的傲气。

这是由于就算他知道得再多，懂得再深厚，阅历再丰富，在这大千世界里，也只是小小的一滴水珠，十分得有限，如果你能发现他的弱点和不懂的地方，找出来当面与他进行对峙，就自然能化解他的傲气，让他收敛一些了。

一次国际会议期间，一位西方外交官十分傲慢地对某个国家的一位代表提了一个相当尖锐的问题："阁下已经在西方停留过了一段时间，敢问阁下了解到西方文化的一点开明了吗？"很显然，这位外交官是用傲慢的态度在嘲笑这个国家的代表。不曾想，该国代表只是坦然一笑，接着有条不紊地回答说："我是在西方进行学习的，40年前我就在巴黎接受了正统的高等教育，所以，个人认为我对西方的了解，并不比你少。那么现在，请问您对东方的文化有多少了解呢？"而对这个代表的提问，那位外交官顿时愣在了原地，一脸的疑惑，他的傲气也就荡然无存了。

可以看出，那位沾沾自喜的，自以为博学多才的外交官，他根本无法回答该国代表所提的问题，因为他根本就不清楚东方的文化形式，他的傲慢招来的只是暴露了自己匮乏的文化知识，根本没能显示自己的才华和能力，当然也就没什么傲气可说了，怎能不灰头土脸的呢？所以，巧妙地设计难题，可以在一定程度上抑制傲气的人，但需要注意的是，所设置的难题必须要是对方不能回答的问题，如此才能有效暴露出对方的无知，达到挫其傲气的目的。

4. 不予理睬削其傲气

一些有傲气的人，仗着别人的理睬，傲气反而越来越大。面对这种傲气的人，最好不要再搭理他，让他孤立起来，由此就可以削弱甚至击退他的傲气。

某单位新来了一个中年人。他因为有着过硬的技术而蔑视别人。工作的时候，不是呵斥这个人，就是呵斥那个人，搞得同事之间乌烟瘴气，彼此都很不愉快。所以，大家都懒得搭理他，看见他就直接走人，话都不跟他多说一句。慢慢的，他自己也感觉很没意思，于是就改变了自己一贯傲慢的态度，主动跟大家友好地进行交流，从此，同事之间又恢复了以往愉快的合作氛围，大家在一起相处的非常融洽。

傲气的人大部分是为了在大家面前显示他的高人一等，这样做只能让自己被动地变得孤立起来，为了改变这种境况，他们必须深刻反省自己不受欢迎的原因，想清楚之后自然就改变了一贯的作风。

我们在采用这些方法对付傲气的人时，必须抱着与人和善的心态，千万不能无端地对别人进行嘲讽和讥笑，甚至侮辱他人的人格，否则，这就达不到我们的最终目标，更无法实现团队内部的安定和谐了。

心怀仇恨之人
要用心化解

世事难料，难免会遇到仇敌，重点是怎么来化解。每个仇人都意味着是一堵墙，如若不能妥善处理，这个仇敌将会成你的眼中钉；人若总是憋着一股气，那做什么都很不顺心，若是我们能主动放下干戈，跟仇敌化解矛盾，这样就能化不和为和气，从此又多了一个朋友。

人们之间的关系是很奇妙的，一些人可以做一辈子的好朋友，一些人则中途就会失去缘分。有些变故主要是因为两个人志趣不同或者是受到什么东西的阻隔；但有些，则是因为两者之间的误会和分歧没有处理好，因为一两次矛盾导致彼此不相往来，最后沦为怨敌。

我们大家已然建立起来的人脉资源，就像一座大谷仓。这座大谷仓本来坚固异常，但要是长年累月得不到人们的照料和整理，随着风雨的侵袭，裂缝就会逐渐扩大，直至形成一定的危机。一旦遭遇强风劲雨，就会出现突然坍塌，瞬间化为一堆废墟。当你拾起旧橡木仔细一看，就会发现，那些表面上看起来还算结实的木头，它的结榫头的木钉都腐烂了，因此就很难将巨梁连接起来。

从这，我们能看出这样一个道理：一个人就算再坚强和能干，就算做事再有成就，依旧要凭借良好的人际关系，才能够发展自身的价值与重要性。友情研究如同谷仓一样，是需要人照料和打理的。想写但没写的信，想说却没有说的话，想去但没有去的约会，想给人礼物而又最终没去送出去的祝福，背信弃义，答应别人的事情没有办到，因为一点小误会或一点分歧就心存芥蒂——这些细枝末节仿佛渗进谷仓的雨水，腐蚀并最终削弱了木梁与木梁之间的联系。原本一个很好的谷仓，只需要一点的照料就能完好，现在却只能放弃，甚至花费一番功夫进行重建了。

总的来说，我们看重和擅长交际，关键是要重视与擅长重修旧好，化敌为友。想要做到这些，首先要学会抓住时机，能够掌握一定的方法和技巧，但最关键的是要学会主动，掌握心理策略，能够充分发挥自己的主观能动性，才能真正掌握时机与技巧。

如果你想跟闹了别扭的朋友，或者是"心腹之患"的仇敌，化险为夷，缓和你们之间的关系，这里有三点十分可行的建议：

1. 遇到无关紧要的敌意，你首先要放宽自己的心胸，不做理睬就行，或者你可以转移话题，说一些无关痛痒的话，令对方感觉到无趣，那么，他也就适可而止了。

2. 遇到有辱人格和有伤大体的人身攻击，你要给予一定程度上的有力还击，但不是与对方进行争吵，而是要运用婉言、暗示以及幽默的方式，给予对方还击，做到有理有利有节。这种还击只是为了保护自己的尊严不受侵犯，而不是为了伤和气。

3. 一般的情况下，你只需要发现并能抓住时机，向对方表示自己的关怀和体贴，给予对方一定的帮助，就能加深你们彼此之间的情谊。

例如，《红楼梦》中的薛宝钗。她不仅能说会道深得老祖宗欢心，而且善于见风使舵令王夫人对其刮目相看，尽管人们对她的评价各有千秋，但在处理同林黛玉的关系上所展现的交际手腕，不得不令人感到折服。

黛玉、宝玉以及宝钗，他们三者构成了一种极其微妙的"三角"关系。对于宝钗和宝玉的亲近，黛玉由于自身孤傲，将宝钗当成是"情敌"和"心腹之患"，每每遇到什么机会，总要无端对宝钗进行一番损贬。但是，面对这种情况，宝钗总能恰当地予以化解，对于黛玉那些无端的敌意，她都不去理睬；面对某种有辱人格的嘲讽，都能有理有据地捍卫自己的尊严；一旦发现了机会，就会牢牢把握住，争取达成和解。

一次，贾母等人通过猜拳行令来讨得一番玩乐，黛玉不小心说了几句《西厢记》与《牡丹亭》中的艳句。这两种书在当时都是禁书，黛玉这样的出身是不能涉猎的，因而说艳词会被让人耻笑的。但幸好，没有读过什么书的人听不出来，但这件事却没有瞒过宝钗，但是宝钗并没有感情用事，为了自己的一时痛快，就说什么令黛玉难堪。她没有把这件事告诉在座的其他人，因为她发现这是她跟黛玉化干戈为玉帛的一个很难得的大好时机。从这点，完全能够看出宝钗的精明之处。

事毕，宝钗私下里便叫住黛玉，冷不丁笑道："好你个千金大小姐，好一个还未出阁的女孩儿！刚才说的都是些什么？"她先给黛玉来了一个下马威，让她意识到问题的严重性。黛玉便立刻求饶道："好姐姐，千万不要跟别人说，我是再也不敢了。"见她满脸羞红，宝钗便就此作罢。因而黛玉对这种适可而止且宽容的态度，充满了感激。除此之外，宝钗还设身处地，教导黛玉这些话平时应当予以注意才是，以免到时候被人利用，说出有损自己尊严的话，因为她是在真心的关心黛玉，所以到最后黛玉只好心悦诚服地回答一个"是"。

在这之后，宝钗果真按照答应黛玉的那样，守口如瓶，没有跟任何人提起黛玉失言的事情。这让黛玉深感同心，立刻改变了对宝钗的偏见。因而诚恳地对她说："你平常待人一直是不错，但奈何我是个爱耍小性的人，但只有你肯对我说那么多真心实意的话……要是你说了那个，我肯定是不能善罢甘休的，但你竟然没有指责我，还告诉我做人的道理，若不是发现你这么好，如今这些话我是说不出的。"从此，宝钗与黛玉达成了和解。

宝钗身上最大优点就是善解人意，十分重视朋友之间的友情。在和解之后，对黛玉更是有着无微不至的关怀体贴，以便加深她们之间的感情。黛玉生病，当她知道黛玉因为怕别人说三道四，马上把自己家的燕窝端来送给她吃。当黛玉哀叹自己孤苦，没有什么依靠时，她就劝解说："你放心，有我在这里一天，就有你好过的一天。要是遇到什么烦恼，尽管告诉我，我一定帮你想法子。"

这样的劝慰体贴，不得不让黛玉感到自己总算有个能够谈心的好知己，自然就与宝钗更加亲近。宝钗又接着说道："我家里虽有个哥哥，但他的为人你是知晓的，只不过有个母亲依靠，其实咱们是同病相怜的啊！"一句同病相怜，马上就将这两颗心紧紧地联系在一起。宝钗是这么的善解人意，而且说话又能说到人的心坎里，这就怪不得能让原本对她抱有敌意的黛玉，最终将她看成是自己的可靠知己了！

我们在跟难打交道的人交往的同时，一来能增加自己的声誉，让别人觉得自己是一个心胸宽广的人；更值得注意的是，获得了别人很难拥有的人脉资源，为发展自己事业奠定了一条宽广的道路。

以势交者，势尽则疏；以利交者，利尽则散。但若用一颗真心去交朋友，就能长久的保存这份来之不易的感情。

找对方的
兴趣点下手

　　跟人交谈求人办事的最佳捷径是投其所好。假如你能投其所好，说出别人想听的话，那么办事自然就会顺利很多；反之，就会招来别人的厌恶，给自身造成一定的麻烦。

　　读过美国总统罗斯福传记的人都知道，每一个与他打过交道的人，都很好奇他的无所不能。跟他有过交接的人，下至牧童、农民、劳工，上至政治人物、商业巨子，无一不是跟他聊天聊得很火热，这其中究竟有什么秘诀呢？

　　其实这里面的奥秘很简单，罗斯福作为历史上响当当的政治人物，他深深懂得获取人心的捷径是谈论对方认为最值得交谈的事。因此，他在接见任何人时，不管那个人是怎样的身份地位，都会提前阅读相关资料，以便能清楚对方的喜好。因此，见过他的人，都对罗斯福好评如潮。

　　诚然，除了政治人物，即使作为一个推销员，也应懂得如何投顾客所好。

　　一个汽车推销员，为了推销一辆进口高级车，专门去拜访一位企业家。但在见面后的最初几分钟，他丝毫没有提及车的事情，反而是拿着儿子的集邮册与企业家共同分享，原来他儿子跟企业家的儿子是同一个班级的同学，他深知企业家很喜欢为儿子搜集邮票，并且总是不辞辛劳，乐此不疲。因而，在看到邮票之后，企业家很快就与这位推销员产生了共同话题，并且越谈越投机，最终他将自己手上的那辆车很顺利地销售了出去。

　　投其所好看似简单，其实是讲究很多技巧的。如果只是投其表面所好，就不能很顺利地做成一件事。下面的几个例子，希望能给你带来一些启发。

有位企业家，只要是赚钱的生意他都乐意去做，别人不管为他提什么点子赚钱，他都十分欢迎。但后来，他忽然变得只求名了，这种微妙的心理变化，根本没什么人知道。因而当他之前的一些朋友，还用老套路来找他，跟他说一些赚钱的点子，结果败兴而归，甚至被这位财阀当作是一个好利的小人，永远杜绝他们再登门。

社会上也不乏有这样不识时务的人，他们对那些好利的人好说歹说，想劝他们做善事，以便能够争取好一些的名声。诸如那些募捐的方式，实际上无异于缘木求鱼，因为他们对"名"根本没什么兴趣。面对这些人，只有给他们利的甜头，他们才会甘愿付出！

前面这两种人想要投其所好，其实很不容易，但最难的还是那些伪君子。他们看起来更注重名声，但你要是真的拿这个做话题跟他们聊，他们反而会把你看成是个书呆子，表面上很尊重你，实际上却一味地疏远你。但若是你跟他讲利，虽实际上是说道了他的心坎里，但为了维护自己的虚伪的形象，他会毫不犹豫地骂你是贪财的小人，甚至骂你是在污辱他的人格。这样的人背地里会采用你的建议，但丝毫不会给你一点尊重。

对付这种人，最好不要着急揭露他的真面目，但要直指他的心。你可以先讲上一段大道理，然后再轻描淡写，直指主题。倘若彼此可以心照不宣，这样的沟通方式最能获得你想要的结果。因此，要学会投其所好，但要有所技巧的进行侧面的投其所好，太过呆板反而会给自己带来麻烦。

一个大学刚毕业的法律系学生，因其律师考试没有通过，只能在一家法律事务所当一个普通小职员。按照公司的规定，每个人在试用期内，必须在一个月内给公司拉来一家新客户。但他刚毕业没有什么经验，也没有任何相关背景，因而在拜访新客户时，每次都得不到靠谱的回复。

马上就要一个月了，他已经心灰意冷，计划着另谋出路。但就在这个时候，事情有了眉目，他不仅为公司带来一个新客户，并且还依靠这个客户接连开发出了十几家新客户。由此，被老板晋升成为正式职员，工资也接连番了几番，摇身变成了该事务所的"超级营业员"。

　　究竟是怎样的缘由，令这位新人一下子变的发达了呢？下面的内容是他的自述：

　　"当天，我万分沮丧地踏入公司的大门。忽然想到之前几次的闭门羹，心里顿时变得踌躇难安。但是，当我看到公关主任桌上的名牌时，一个主意在我的脑海中油然而生。

　　"原来，这位主任的名字取的十分奇怪，居然叫'万俟明'，而我不巧又非常爱看传统小说，记得那本《说岳传》里有个坏人，他的名字就叫'万俟乔'。此人跟岳飞同朝为官，但由于岳飞从不跟其以礼相待，故此两人时常不和。后来，他就跟朝中的奸相秦桧一起对岳飞进行攻击。绍兴十一年，两人联起手来将岳飞父子下狱治死。若是有在朝官员替岳飞申冤，也都会被弹劾，可以说，此人是个大大的奸臣。

　　"当时《说岳传》的时候，我的年纪尚小，不知道'万俟乔'应该怎么读，因此特地查了字典，才掌握了这三个字的读音。也由此才知道'万俟'二字的正确读音（万俟做为姓应读作mò qí）。

　　"当时，我在一眼看到'万俟明'这三个字的时候，就立刻礼貌地向前跟他打招呼说道：'万俟先生，我是××法律事务所的职员，今天是专程前来拜访您的。'

　　"刚说完这句话，对方就惊讶的站起来，嘴里念念有词：

　　"'你……你……你竟然认识我的姓，通常人们第一次都会念错，很多人都把我叫成是万先生，害得我不得不一遍遍地解释，真的是烦死了。'

　　"我感觉这是个很好的开始，于是就接着说：

　　"'此姓是复姓，平常是很少见，想必一定是有什么来源的吧！'

　　"在听到我这句话后，对方很是兴奋地说：

　　"'的确啊，这个姓是有来头的，它原本是古代鲜卑族的部落名，再后来演变成姓氏的拓跋氏，就是由万俟演变得来的。'

　　"我看到对方手舞足蹈的表情，于是接着开口说道：

　　"'那您岂不就是帝王之后了！'

　　"那位万俟明先生就更加高兴地说道：

　　"'岂只是如此啊，这个姓氏在古代的一千多年内，出了很多名人呢，像宋代的词学名家万俟永，自称是词隐，他为人精通音律，负责掌管音律，是大晟府中的制撰官，除此之外，他还写了一本书，名字叫做《大声集》。因此，后人都尊称他为万俟雅言。'

"于是，凭借这个少见的姓氏做话题，我跟那位公关主任聊的越来越投机，虽然我并没有说明自己的来意，也没谈那些相关的业务细节，但凭借着这次愉快的交谈，我开发出了一个新客户。而这家财团所拥有的关系企业，也统统都和我们的事务所签下了合约，聘用我们做他的法律顾问，为我们事务所增添了一笔很大的业绩。"

由此可见，学会投对方的所好，找到对方的兴趣点下手，对于事情的成功能够起到很大的决定性作用。

交友之初，
应找对共同话题

两个陌生人在第一次见面的时候，能否找出让对方感兴趣的话题，在一定程度上决定着双方的谈判能否顺利达成。诚然，要是连最基本的沟通都不能愉快地进行，就更别提什么合作，相互之间能保持的友好的联络了。好比上面事例中的那个年轻人，明知自己所知道的那个"万俟"姓氏的读音，是源于岳传中的一个奸臣万俟卨。但是，为了能投对方所好，他故意装糊涂，说对方是皇族血统，让对方去吹嘘那些有关他姓氏中的光荣历史，这就为以后进行的交易，奠定了成功的基础。

就连陌生人在第一次见面交谈时，都要想尽办法，投其所好。更何况是我们那些已熟识的朋友或上司呢？

以下，就介绍几种能够找到共同话题的方法：

1. 中心开花

遇到众多的陌生人，就要从大家都关心的事件为出发点，将话题对准大家的兴奋中心。这类话题必须是大家想谈、爱谈而且能谈的，这样一来，每个人都有话，当然能说个不停了，这样做的最终结果就是能引起很多人的议论与发言，导致"语花"飞溅。

2. 即兴引入

巧妙地运用彼时、彼地、彼人的材料为题，然后引入话题。有人擅长运用对方的姓名、籍贯、年龄以及服饰特征等，即兴引出话题，往往能获得不错的收益。"即兴引入"法的长处是灵活自然，方便取材，运用它必须要做到思维敏捷，能作由此及彼的一些列联想。

3. 投石问路

顾名思义，投石问路的意思就是向河里投块石子，借此来探明水的深浅。

知道深浅了，就能找出相应地对策过河；跟陌生人交谈时，就可以采取这样的方式，先问一些"投石"性的问题，方便开启以后的话题。比如，在聚会时碰到陌生的邻座，就可以这样问："你跟主人是怎么认识的呢？同学还是老乡？"不管谈话的哪半部分说的正确，都能循着正确的一方面顺利交谈下去；要是问得都不正确，但一旦得到对方的回答，也就可以继续进行话题了。

4. 循趣入题

问清楚陌生人的兴趣所在，然后根据他的喜好进入话题，聊天就会很顺利。比如，对方喜欢音乐，你就可以跟他谈谈周杰伦的曲子方文山的词，共同探讨一下音乐世界的古典风等等。如果恰好你对他喜欢的歌手了解一些，那么你们的对话无疑会更加投机。反之，这也正是个学习的机会，你可以借此倾心相听，遇到不懂的地方适时请教，掌握一些音乐知识。引发话题的方法有很多，比如"借事生题""即景出题"或者"由情入题"等。你可以根据现实情况，巧妙地从某事、某景、某种情感引发一些议论。好比"抽线头"或者是"插路标"，引话题的重点在于引，目的是要导出对方的话茬儿。

5. 缩短距离

求陌生人办事儿的时候，一定要注意缩短你们彼此之间的距离，而在短时间内了解得越多，就越容易缩短彼此的距离，最终获得感情上的融洽。孔子说："道不同，不相谋"，由此可见，两个人只有志同道合才能谈得来。我国素来就有"一见如故"的美谈。陌生人要想谈得投机，要必须在"故"字上下工夫，要做到变"生"为"故"。这也有很多技巧：

适时切入看准情势。要抓住适当插话的机会，适时插入进行交谈，适时进行"自我表现"，以便能让对方对自己多一些了解。交谈是需要互动的，因此，只了解对方，不让对方了解自己，一样达不到深交。一旦陌生人从你"切入"式的谈话中获得了不错的收益，你们之间将会更亲近。适时切入，能将你的知识主动有效地提供给对方，完全符合"互补"的原则，这在一定基础上奠定了"情投意合"的基础。

借用媒介。寻找你跟陌生人之间的媒介物，运用这个媒介物找出共同语言，以便缩短两者之间的距离。比如，当你看见一个陌生人手里正拿着一样你不知道的东西，就可以问他："这是什么？……想必你在这方面是个行家。那么，我可以向你请教几个问题吗？"对别人所关注的东西适时显出你浓厚的兴致，利用媒介物来表达自我，交谈自然能够顺利进行。

留有余地。留些空缺令对方接口，这会让对方感觉到你们的心是相通的，你能体会到他的处境，由此缩短距离。所以，跟陌生人交谈，一定不要把话说的太满、太死，不给对方留任何余地，而要虚怀若谷，两个人一起进行探讨。

[尴尬之时，
不如借助下幽默]

幽默是胸襟豁达的表现，不愉快时它能沁人心脾，破除尴尬，幽默是制造轻松气氛的良方。在人际交往中，幽默充当着一个很重要的角色，它无疑就等同于湿润的细雨，可以冲淡紧张的气氛，缓解内心的焦虑，在最短的时间里缩短彼此间的距离。

生活中不乏缺乏幽默细胞的人，他们通常品行端庄，为人朴实，平时总是一本正经，不苟言笑，与他们相处时会给人枯燥无味，可敬而不可亲的感觉。

但是富有幽默感的人就不同了。他们无论做什么事都会用愉快的心情来面对，更能愉快地与人相处，他们走到哪儿，欢乐就跟着到哪儿。他们往往也会有缺点，但由于他们使人欢笑，使人快乐的能力，人们通常会忽略他们的缺点，而愿意与他们相处。

幽默型的人，很少遵从逻辑的法则。在辩论时，他们能运用奇谈怪论，或类似诡辩的手法，让对方在如坠云里雾中的时候突然领略到欢笑，给双方一个台阶下。

幽默型的人，总是非常圆滑、灵活的聪明人，他们在公众场合通常能连续不断地说出打趣话、俏皮话、笑而不谑的话，使举座为之倾倒。

一个悲观厌世的人，不会懂得幽默，一个心地偏狭的人也必与幽默无缘。有幽默感的人，性格乐观，胸襟豁达，他们拥有敏锐的感觉，健康的心理，他们无时无刻不笑颜常开，胸襟豁达，别人都乐意与之交往、与之亲近、与之为友。

苏东坡就是一个幽默型的人，他总是能把自己的所见所闻化成幽默的语言，传达给周围的人，制造出欢乐的气氛，在人们嬉笑之余，又让人回味和深思，因此他总是显得可敬、可爱又可亲。

苏东坡的一生相当坎坷。他的诗曾被御史台的官僚断章取义，无根据地分析，最后给他套上了一个讽刺朝廷，诬蔑皇上的罪名，把他从湖州刺史任上抓来，关进大牢，几乎杀头。在他弟弟子由和许多好友大力营救下，才得以保住性命，贬到黄州任县令。

然而迫害并没有就此结束，此后他又遭到多次贬谪，被贬谪的地方也越来越远，最后竟贬到了荒僻遥远的海南岛。长期的磨难使苏东坡认识到派系斗争激烈的严酷现实，于是他在《水调歌头》一词里，发出了很有深意的慨叹："我欲乘风归去，又恐琼楼玉宇，高处不胜寒"，传为千古名句。

即使在这种情况下，苏东坡还是保持着一份幽默之心，用嬉笑诙谐的形式，来委婉地发泄自己心中的不平之气。

有一次，大家听苏东坡讲故事，他当场编了一个新奇的故事，笑得大家前仰后合。他说：

"昨夜，我做了一个梦，有两个峨冠博带的人找上我，说是海龙王请我去吃饭。我很久没吃过饱饭了，听说请吃饭，心中很高兴，便跟着他俩冲涛踏浪，来到了龙王的水晶宫。龙王带着一大群臣僚和嫔妃出来迎接我。

但见水晶宫里琼楼玉宇，百宝纷呈，满桌的山珍海味。身边有一个美人专给我斟酒。那美人生得一副窈窕身材，肤色白嫩，香气逼人，目含秋波，一闪一闪地瞅着我，让我神魂颠倒。正在这时，龙王让我为今日之幸会题诗，我当即提笔挥就，盛赞龙王功德和水晶宫的豪华，并颂扬君臣的才学与嫔妃们的艳美。龙王看后高兴极了，夸奖我的文笔，还赏赐给我大量的珍宝。正在我得意的时候，忽然一个丞相模样的大臣，低声耳语龙王，说我写的诗里有讥讽大王的语气。龙王一听大怒，吩咐虾兵蟹将把我赶了出来。我回头一看这位相公，原来是乌龟变的，唉！我在梦里也逃不过乌龟相公的算计呀！"

苏东坡就是这样，能随时保持自己的幽默，而且在幽默的谈笑中，能曲折地发泄自己心中的不平怨气。苏东坡能以一个幽默的心境来忍耐艰难的遭遇，从容处之，从而在怎样的环境中都能发挥自己的智慧和才华。

幽默是一种从容，是一种智慧，是一种达观。幽默是痛苦与欢乐交叉点上的产物，这就是幽默的内涵。用轻松的态度对待自己，对待失败，尤其是要用乐观的心态面对挫折，面对生活中的种种不幸，用君子坦荡荡的磊落襟怀来拥抱困境，把所有烦恼一笑置之。

别让错误举动
坏了人际关系

7

在人际交往的时候，

我们经常面临很多的盲区。

所谓盲区，

就是指我们没有意识到的交友禁忌，

或者常常犯错的地方。

一旦进入这个区域，

我们常常会做出非常错误的举动，

以至于破坏好不容易建立起来的人际关系。

再好的朋友
也要处之有度

如何对待朋友，如何获得朋友的信任，相信每个人都有自己的一套见解。比如好朋友之间应该亲密无间、无所不谈，再比如和朋友说话不必绕弯子，直截了当、甚至刻薄一点也没关系，因为朋友不会介意的。然而这些做法和想法未必正确，有些甚至是极大的误区。下面是交友必须注意的三大误区，一定要牢记在心：

1. 朋友情同手足

遇到志趣相投的朋友，人们往往愿意亲密无间、形影不离；如果是陷入热恋中的话更是如胶似漆、寸步不离，让彼此都没有一点私人空间。这是个危险的征兆。

交友的时候，双方应该互相了解彼此之间的默契程度，以此来确定一个彼此都感觉舒服的距离，一般的朋友距离稍微远一些，生死之交和道义上的朋友距离尽可能近一点。但关系再亲密，彼此也应保持一点距离，使双方感觉是刚刚好。恋人、夫妻之间的关系也同样如此，保持适当的距离，给爱情放一个假，保留一些神秘的感觉，这样有利于更好地吸引对方，这正是欲擒故纵的充分运用。

对别人过分关心，对别人的事情太过关注，只能使对方觉得乏味、厌烦，别人表面上对你表示感谢，内心里却有着说不出的失望。应该清楚，亲密要有间，距离产生美！

2. 知己难得，有一个足矣

与某人的交往达到一个极致时，再继续投入的话，得到的效果就非常少了，如果把追加的投入转而投入其他人的话，就有可能产生意想不到的回报。

俗话说：人生得一知己足矣。如果人生能够拥有一个知己，确实令人觉得非常宽慰。但如果有几个知己就感觉洋洋自得，不想去结识其他人的话，把全部的时间和精力投入到这几个知己身上，在一定程度上这是浪费时间，非常可惜。

人际交往也存在一个限度。超过限度的时间和精力与其继续投入到相同的人身上，不如投入到充满潜力的其他人身上，平均一下自己的力量，多结识几个朋友，就会多一些收获。当然，这中间还有一个怎样选择朋友的问题，但那属于另一范畴。

3. 忠言不一定逆耳

对朋友的告诫，忠言必须要逆耳吗？

常言道：良药苦口利于病，忠言逆耳利于行。这句话说得太多，人们很容易会产生错觉，告诫朋友的话必须不好听，不难听的话不能称之为忠言。这是个非常大的误解！

规劝朋友时，人们往往只注重了动机的利他性和方案的选优性，却恰恰没有考虑过朋友接受过程的情绪变化和说服方法的正确使用，想按照自己的方法将对方赶入天堂，其实不然，方法的不当在一定程度上会抵消动机和方案的优势。既然朋友不能够乐于接受你的方式方法，他又怎能对你的动机和方案表示接受呢？

西方管理学家有这样的观点，做事的方法更重要。

忠言如果顺耳难道不好吗？

唐太宗李世民曾经扬言要杀掉频频引得龙颜大怒的魏征，长孙皇后听到后非常着急。如果这个时候用逆耳的"忠言"来规劝李世民，李世民不仅不会接受，反而会让事情朝相反的方向发展。会说话的长孙皇后好言相劝李世民。她说：古往今来主贤臣直，只有君主仁义，当臣子的才能发表自己的意见、有话才敢讲，今魏征敢于冒天下之大不韪直言劝谏，靠的就是圣上贤明。李世民听到后非常高兴，顿时打消了杀魏征的念头。

交际是一门非常严谨的学问，是人生的一门必修课，单靠古人的几条训导和社会上人人所共知的箴言是完成不了这份答卷的。只有以严谨的态度对待交际，遇到问题仔细分析，对症下药，才会找到解决问题的突破口，才能得到最满意的答案。

规劝朋友的过程实际上是让别人接受你的动机、方案和方法的过程。动机、方案、方法三者紧密相连，缺一不可。在规劝别人的时候，多考虑一些方法，讲究一点技巧，忠言完全不用逆耳！

[巧留台阶才
不至于谈崩]

　　只有靠着台阶，才能往上走，也只有给别人台阶下才能让别人走下尴尬。在社会交往中，能及时地为陷入尴尬境地的彼此提供一个恰当的"台阶"，使他保全自己的面子，也算是处世的一大学问，也是为人应有的一种美德，这不仅能使你在对方的心目中留下一个好印象，而且也有助于你对外树立优秀的社交形象。

　　1953年，周恩来总理率中国政府代表团对驻旅顺的苏军表示慰问。在中方举行的招待晚宴上，一名苏军中尉在对总理的讲话进行翻译时，不小心将一个地方译错了。我方代表团的一位同志当场纠正。这使总理觉得非常意外，也使在场的苏联驻军司令非常不满。因为部下在这种场合所犯的错误使司令非常没有面子，他立刻走过去，要撤下那名中尉的肩章和领章。宴会厅里的气氛一刹那凝固起来。这时，周总理适时地为苏方提供了一个"台阶"，他和蔼地说："两国语言要做到一丝不苟地翻译是非常困难的，也可能是我讲得没那么好。"随后总理慢慢重述了刚才被译错的那段话，让翻译听清楚，并非常精确地翻译出来，这样一来既缓解了尴尬的气氛，又为对方解了围。总理讲话完毕后在同苏军将领、英雄模范举杯庆祝时，还特地同那位翻译单独干杯。苏驻军司令和其他将领看到这样的情景，在干杯时眼里都饱含热泪，那位翻译被感动得不能释怀。

　　为什么在社交场合要注意给对方留一个台阶、注意给对方留面子呢？这是由于在社交场合，每个人都出现在众人面前，因此都非常注重保持自己的对外形象，都会表现出比平时更为强烈的自尊心与虚荣心。在这种心态指使下，他会因你使他丢了面子而产生比平时更为强烈的厌恶，甚至与你结下一生的疙瘩。同样的道理，也会因你为他保全了面子，使他维护了自己的形象，而对你表示感激，产生更为强烈的好感。这些，对于日后的交往，会产生非常深远的影响。而这恰恰是不少人在日常的交往中所没有重视的。否则对方因为丢了面子出了丑，可能会恨你一生。相反，若给了别人面子，可能会让人对你感激一生。是选择让人感激还是让人记恨，关键是自己能不能给别人台阶。

由于自己的粗心和忽视，下列社交误区都可能使对方陷入非常难受的境地。

1. 戳到对方的痛处

在日常的交际中，如果不是为了某些特定的目的，一般应尽可能避免涉及对方所忌讳的敏感区，避免使对方当众下不来台。

心理学的研究证明，谁都不希望将自己的错处或隐私在公共场合曝光"，一旦被人触碰，就会感到非常生气和难堪。所以，在交际过程中，如果不是为了达到某些目的，一般应尽可能少地谈论对方所不喜欢的敏感区，避免使对方当众没有面子。必要时可通过一定的方式暗示对方已清楚他的错处或隐私，便可使他认识到自己的错误。但不能太过，只须"点到而已"。

在广州著名的一家酒店里面，一位外宾吃完最后一道菜，顺手把制作精致的景泰蓝食筷悄悄揣入自己的内衣口袋里。服务小姐不动声色地迎上前去，双手捧着一只装有一双景泰蓝食筷的绸面小匣子说："我发现先生在进餐时，对我国景泰蓝食筷非常喜欢，非常谢谢你对这种精美工艺品的赏识。为了表示我们的感激之情，经餐厅经理批准，我代表中国大酒家，将这双制作精美并且经严格消毒处理的景泰蓝食筷送给你，并根据大酒家的'优惠价格'记在你的消费账单上，你看怎么样？"那位外宾当然知道服务员说这话是什么意思，在认真表示了谢意之后，说自己由于多喝了两杯红酒，头脑有点不清醒，误将食筷放入内衣的袋子里。并且非常巧妙地借此"台阶"说"既然这种食筷不消毒就不方便使用，我就换一双吧！哈哈哈。"说着取出原来的食筷非常有礼貌地放回餐桌上，接过服务小姐双手递给他的小匣，非常满意地向收银台走去。

上面的例子中，服务小姐非常聪明地化解了一场危机。正是因为她得体的言语和行动，才能让那位外国人意识到自己的错误。我们可以试想一下，如果当时服务小姐使用非常直接的言语的话，会是什么后果？

2. 放大对方的错误

在社交过程中谁都不可能没有一点小失误，比方说念了错别字，讲了行外话，记错了别人的姓名和职务，礼节有失风度，等等。当我们发现对方表现出这种情况时，只要是没有造成太大的影响，就没必要对此大肆张扬，故意让每个人都知道，放大对方的过失。更不应以嘲笑的口吻，认为"这回可抓住笑柄啦"，来进行炒作，在公众面前嘲笑别人的失误。因为这样做不仅会使对方很没面子，伤害他的颜面，使他对你产生厌恶，而且对于你社交形象的建立也没有好处，容易使别人认为你很刻薄，在日后的交往中渐渐疏远你，对你产生戒心。如果嘲笑别人的过失，自己也会在犯错的时候被别人所嘲笑。

3. 让对方一败涂地

为人处事正如同下一盘棋，只有那些涉世太浅的小青年，才不会手下留情，赶尽杀绝，对方已经输红了脸、不能抬头了，他还在那儿趁热打铁地喊"将"。

在社交过程中，常会进行一些带有比赛性质的文化活动，比如下棋比赛、篮球赛、羽毛球赛等。尽管这是一些业余文化活动，但大家每个人都渴望成为胜利者。有经验的人，在自己具有压倒性优势、能绝对取胜的前提下，往往不会使对方败得很惨而惨不忍睹，反倒是刻意让对方赢几局，自己既能赢得胜利，又给对方留了面子。比方说有些象棋高手，在连赢几局后，往往会故意走错一两步，让对方赢几盘。实际上，社交活动并不是正式比赛，对输赢没必要那么较真儿，主要目的还是沟通感情，加深友谊，满足自己内心的需要；不然的话，斤斤计较，常常会影响彼此的心情。国民党元老胡汉民非常喜欢下象棋，又很看重输赢，在一次宴会后与棋艺超群的陈景夷相互博弈时，本来已经平局，却要整出个高低，在最后时刻被对方打了个死车，胡汉民脸色立马变得苍白，大汗淋漓，非常恼怒，当场昏死过去，三天后竟然因为脑溢血死亡。

我们不仅要尽可能地避免因为自己的疏忽造成别人下不了台，而且要学会在对方没办法下台时，巧妙为对方设计一个"台阶。"不然的话，很可能会由于操作不当，本来是保全对方的面子，结果反而弄得彼此都更加尴尬。

有时吃点小亏也无妨

人靠彼此之间的互相帮助才得以生存，即便是流落荒岛的鲁宾逊也都需要一位名叫"星期五"的助手，更何况我们处在这个竞争激烈、社交往来频繁的社会？因此，"得罪人"是一种压缩自己生存空间的行为。

1. 得罪一个人，就等于减少了自己的一条后路

世界虽然很大，但有时却会因得罪人而显得很小。

当然，或许你会想，人还不至于得罪了几个人就不能生存下去吧。但你应该清楚，世界尽管很大，但往往却会因得罪人而变得很小，有时甚至走在路上都会碰到不喜欢自己的人，更别说你的同行同事了。同行有同行的交际圈，如果得罪同行，彼此接触的机会会更大，那是非常尴尬的！而且对你是非常不利的！本来你可以跟他一起获利，却因得罪他而失去这样的机会，这是非常可惜的！

2. 得罪一个气量狭小的人，就等于在自己的身边埋下了一颗定时炸弹

得罪君子的后果最多就是大家不讲话，各自忙各自的事情；但如果得罪了小人，事情就不会那么简单结束。他即使不报复你，也会在背后恶意中伤你，制造许多对你不利的舆论，即使你有理也会因此而变得无理，是非常不值得的！

这里之所以着重说"不轻易"得罪人，当然也是有一定的道理的。当有些事情忍无可忍时，当正义公理得不到伸张时，还是得该出手时就出手的，否则就是颠倒是非，不明黑白了。这种雷霆之怒或许偶尔会得罪人，也有可能封锁了自己的一条后路，但也有可能开拓更宽广的康庄大道。如果没有这样的效果，还是不要得罪人。

因此，当你觉得自己的利益受到伤害时，在没有得到别人应有的尊重时，请想想，不要轻易动怒。而且，要切忌气焰嚣张，盛气凌人，这种只顾自己而不关心别人的态度也非常容易得罪人，而且自己常常还不觉得。

最关键的一点是，得罪人的次数多了就会慢慢变成一种习惯，总是压不住自己心中的怒气，改不了自己的性格，碰到这样的情况就会拿"反正我就这样"来搪塞，那就只能是自己将自己推向一条更为狭窄的死胡同了。

常言道，多一个朋友多一条路。这话反过来说，多得罪一个人就少一条路！

因为有不满的情绪而心生怨恨，进而充满怨言，在这种恶性循环的驱使下，"情"郁于中，自然要表现出来，这对于彼此都是不利的。

有时候可以借用一下阿Q精神，可以在一定程度上减弱这种心理趋势，从而达到某种状态的平衡。比方说女朋友吹了，不如想想"我这次'考试'还没有过，下次重新补考"；比如在资质平平的老板手下感觉到很压抑，不如想一想"有朝一日我办公司你来打工"……过去国外有些工厂的老板曾经利用工人的不满情绪，建立所谓的"出气俱乐部"，提供领导、经理的模拟头像，让工人随便打骂、出气，用这种方法来提高工人的生产积极性。

人生世事难料。"塞翁失马，安知非福"。暂时的失败并不能说明永远的失败，理智的人应该从中汲取教训，走出失败的阴影，继续努力，直到获得最后的成功。一种行业因为一些原因没法干，则应在客观条件允许的情况下从事其他行业，并努力奋斗，最终满足自己的愿望。

在这个物欲横流的时代，我们的愿望总是会和现实相差甚远。这就需要我们在平时保持一颗平稳的心态，走出自己的心理阴影，使社会多一点关怀，少一份怨恨；多一份关爱，少一份争执。

一个人成功的过程就是不断拓展自己人脉资源的过程，而人脉资源的积累则来自平时的交往，但因为现实中人和人之间存在着许多冷漠与虚伪，使一些人在交往中不断受到伤害，从而感受到很大的压力，最后万念俱灰，产生了害怕交往的消极心理，而正是由于这些消极心理使一些人从此丧失了成功的机会。

在社会上碰壁是非常平常的事。很多人遭遇到挫折以后，却怀疑自己，瞻前顾后，畏缩不前，这样的人是永远不会获取成功的。

说好假话
也是一种技能

"我从不说假话"，这本身就是一句骗人的话，世界上不存在不说假话的人，假话如果说得得当会产生更好的效果……

为了使人们保持自己内心中的那一份希望，假话发挥了一定的作用。

英国男士劳比一生正直不屈，讨厌在人际交往中的任何撒谎。因此，他在自己这一生的旅途中付出了非常昂贵的代价，并最终翻然悔悟。他充满绝望地发现自己在这个世界上竟然找不到一个可以促膝谈心的人，连妻子和儿女也都渐渐远离他。劳比只能选择把自己的心事写在日记上，自己跟自己谈心。劳比这样说："我到现在才知道，人与人相处是不可能绝对诚实的。有的时候，假话和假象让人与人之间更和谐。"

劳比的人生是人类许多年来困惑的一个缩影。我们提倡人与人之间应该保持真诚，但发现真诚在有些时候会让人处处碰壁。只是为了保持我们心目中一种理想的纯洁和逃避政治上的禁忌，我们才没办法解释这类现象。劳比绝非政治家，因此他将人类长期以来难以言语的隐秘说了出来：有些时候，交际需要善意的谎言。

一位初出茅庐的青年给我来信，他有着和劳比一样的苦衷。由于从小受到家教的熏陶，他对身边的每个人都非常真诚。可是刚接触社会不久，已经因为几句真话而受人排挤了。他希望我能帮他找出其中的原因。因为这样的问题决不是几句话就能说得明白的，劳比为之付出了自己将近一生的代价。我经过多次思考，最终只给了他两句忠告。是这样的："当我的父亲与我探讨关乎家庭前景的事情时，我一定不会说假话；而当我的母亲因为重病将不久于人世时，我会对她说：'没关系，医生说你马上就会好的。'"这就是处事的哲学。

假话，在积累人脉资源的过程中会起到不可替代的作用。有些人对外宣称自己从来不说假话，这句话本身就是错误的。当我们得知亲戚生病，当我们得知朋友遇难，我们就常常说一些善意的谎言。在这个层面上讲，世界上绝对不存在不说假话的人。不少假话在形式上与人际交往时的真诚相处不一致，但在出发点上却符合人的心理特征和社会特征。人都希望自己被肯定，人都希望得到的坏消息最终是虚构的。为了保持人们心中的那一份希望，社会上就需要一些善意的谎言。

想要说好假话并不是一件容易的事情，首先我们内心应该对假话有一个准确的定位。这样，我们才能说好假话。说假话有三条原则。

1. 真实

假话是没办法真实时的一种真实。当我们无法表达自己内心真实的想法时，我们就选择一种含糊不清的概念来表达真实。当一位女友穿着刚买的衣服，问我们她穿着是否好看的时候，当我们觉得没办法判断时，我们便开始含糊其辞。回答说："还好。""还好"是什么意思，是不好还是好？这就是假话中的真实。它和一般的奉承有明显的区别。

2. 合乎情理

这个是假话得以存在的非常重要的条件，很多假话明显是不符合事实的，但因为它合情合理，因此这样也能体现出我们的善良、爱心和美好。我们经常会碰到这样的问题：妻子患了重症不久将要离开人世。丈夫为此非常痛苦。他应该让妻子知道真实的情况吗？很多专家认为：丈夫不应该告诉妻子真相，也不应该向她表现出自己的痛苦，这样会增加妻子的负担，应该使妻子生命的最后一段时间尽可能开心。当一位丈夫忍着即将到来的诀别的煎熬时，对妻子撒谎，他那合乎常理的安慰，反而会带给我们更多的感动。因为在这谎言里包含着他无限的憧憬。

3. 必须

是指许多假话是必须要说的。这种必须很多时候是出于礼貌的需要。例如，在我们接受邀请去参加庆祝活动之前遇到不开心的事情时，我们必须将内心的不快和郁闷掩饰起来，带着一份好心情投入到开心的场合。这种掩饰完全是为了礼仪需要，是非常合乎情理的。有时候我们撒谎是为了摆脱令人尴尬的境地。例如，美国曾经就一项新政策来征求议员的意见，相关管理部门人员询问罗斯："你同意那条新法案吗？"罗斯说："在我的朋友当中，有的喜欢，有的讨厌。"工作人员继续追问："那你的意见呢？"罗斯说："我赞成他们的意见。"

假话是保全自己的一种必要的交际谋略。我们说假话的时候只要遵循上述三条原则，我敢肯定它同样会让我们充满魅力。只要我们内心善良，把谎言仅仅当作交际的一种策略，这就是美丽的谎言。它是在善意基础上交际的非常实用的策略。这同恶意的假话，为了达到不可告人的目的编造的假话相比，两者有着根本的区别。那种心怀鬼胎，诈骗、奸妄、诬陷的人迟早会受到惩罚的。

只要我们内心善良，把假话仅仅用在人际交往中，这是能够让人接受的。

别与小人
去纠缠

世界上各个地区都有"小人"，如果和"小人"的关系处理不当的话，你就会经常吃亏。"小人"没有特殊的面孔，脸上也没刻着"小人"二个字，有些小人甚至会让人觉得文质彬彬，有口才也有内涵，一副王者之风的样子，根本超乎你的想象。

不过，"小人"还是可以从日常的言行举止中分辨出来的。

总而言之，"小人"就是做事做人不厚道，以不正当的手段来达到自己不可告人的目的，所以他们的言行有以下的几种特点：

——喜欢造谣，诽谤别人。他们造谣生事都具有不可告人的目的，决不仅仅是拿这件事来寻开心。

——喜欢在背后说别人的坏话，挑拨别人之间的关系。为了达到某种目的，他们想尽一切办法来挑拨同事间的感情，制造他们的矛盾，然后渔翁得利。

——喜欢溜须拍马。这种人不见得一定是小人，但这种人很轻易就受到上司的器重，而在上司面前说别人的是非。

——喜欢心怀鬼胎。这种行为代表他们这种人的行为特点和办事风格，他们对别人既能人前一套又可背后一套，因此对你也可能阳奉阴违。

——喜欢做"墙头草"。谁强大就依附谁，谁没落就抛弃谁。

——喜欢将别人当做自己的垫脚石。也就是想尽一切办法来利用你，而对于你的前途他们是不会考虑的。

——喜欢趁火打劫。只要有人跌倒的话，他们会追上来再踩一下。

——喜欢推卸自己的责任。分明是自己的错却死不承认，非要给自己找个替罪羊。

——喜欢把自己的开心建立在别人的痛苦之上。

实际上，"小人"的特征远远多于这些，不管怎么说，凡是做事不合乎道德的人都带有"小人"的性格。

那么，该怎样正确处理和"小人"的关系？以下几个原则可以做参考：

1. 不理会他们

注意防范"小人"

通常说来，"小人"比"君子"更为敏感，心里也比较自卑，因此你切忌在言论上刺激他们，也不要损害他们的利益，特别是不要为了"正义"而去揭发他们，那只会自己害自己！古往今来，君子很少斗得过小人，因此小人为恶，让更加强势的人去处理吧！

2. 保持必要的距离

与小人保持一定的距离是保护自己非常好的方法。

别和小人走得太近，保持往日的同事关系就足够了，但也不要过于疏远，好像从来不把他们当回事儿似的，否则他们会产生这样的想法："你有什么了不起？"于是你可能就要倒霉了。因此，与小人保持一定的距离是保护自己的非常好的方法。

3. 注意自己平时的言行

千万不要让小人在你嘴里抓住任何把柄。

说些"今天天气很好"的话就足够了，如果涉及到别人的隐私，涉及到某人的是非，或是发了某些对领导不满的牢骚，这些话一定会成为他们兴风作浪和陷害你的素材。因此，千万不要让小人在你嘴里抓住任何把柄。

4. 和小人之间不要有利益往来

千万不要想从小人身上谋取利益，因为你一旦得到一点点的好处，他们必会让你加倍奉还。

小人经常会聚集在一起，形成一股势力，你千万不要想从小人身上获得利益，因为你一旦得到好处，他们必会要求你加倍偿还，甚至弄坏你的名声，让你无法脱身！

5. 吃些小亏也没关系

切莫因为自己吃了点亏而与小人发生纠缠。

"小人"有时也会在无意间伤害你，如果无关大碍，就算了，因为你找他们不但得不到答案，反而会因此结下更大的仇。因此，大度一点原谅他们吧！

　　当你了解了上述小人的特质，并坚持做到以上几点，你就能和小人和谐相处了。切莫因为自己吃了点亏而与小人发生纠缠。

[别让坏习惯
误了你的人脉资源]

如果你不受大多数人的欢迎，往往是因为你的问题。也许你的确没有很高的情商、说话太苛刻、没有很强的自制力，谁和你在一起都会觉得非常压抑，可你自己并没有感觉到自己做错了什么，看到的却是周围的同事们相约去酒吧聚会，惟独缺少了你。

有些人在自己不注意的时候便不得人心和不受周围人的喜欢了。没有人喜欢听他们说话、很少人支持他们的观点，好像总觉得别人不配合自己，其实这个时候是自己不"合群"了，以至别人不愿意和你做朋友了。是什么原因造成自己现在的局面？认真反思一下，可能是以下这些原因造成的。

1. 喜欢抱怨

在现实的工作生活中，人们通常不喜欢频繁抱怨的人。

你抱怨自己没得到相应的回报；你无端猜测自己要感冒了，结果感冒真的来了（大多数惯于抱怨者同时还患有疑病症）；你抱怨姐姐送给你的连衣裙不合身，抱怨连衣裙没有好看的颜色。

一般的人频繁地听到这样的话能心平气和吗？

2. 不喜欢听别人的意见

喜欢以自我为中心的人，总是对别人漠不关心。甚至在别人通知你，你的男友遇到了意外时都未必能打动你。如果你对别人说什么都提不起任何兴趣，那么别人对你失去兴趣时你也不用大惊小怪。

3. 喜欢否定别人的观点

没人欢迎一个总是带来令人不舒服消息的家伙。

当别人开开心心订完去爱琴海度假的船票后，你会对人说："听说一位游客被人在海滩杀死后又被分尸了。"

4. 是位戏剧皇后

经常搞恶作剧的人，在某些程度上她本身就是一场恶作剧。

还有一种人我不喜欢和他们争执，那就是丽贝卡式的人物。可能她的父母从来没有告诉过她不应在大庭广众之下大发脾气，也可能因为不明白凡事都有一个度。不管出于什么样的原因，只要想发泄自己，丽贝卡便旁若无人地大闹一通，她嘴永远比脑子快，只要事情超出了自己的预想，她便满腹牢骚。在公司举办的圣诞晚宴上想跳舞，便一下子把提升的事情抛到九霄云外去了，她确实是这么做的。

拥有这样一种对待生活的态度，就像一只公牛闯入一家瓷器商店一样，结果只能是孤独地终老一生。

5. 对别人的依赖性太强

对他人不能太过依赖，超过了一定限度而自己又不能及时意识到，人们就会远离你去结交新的伙伴。

6. 对别人要求太多

人都喜欢自我欣赏，不愿意让别人来指挥自己。

如果你要求别人的观点、情绪和感情都要符合自己的内心，那么，你就会逐渐失去你在他们心中的位置。

7. 苛刻

时时刻刻都在挑错的人，朋友们只能和你渐行渐远。

8. 没有幽默感

缺乏幽默感的人简直就是没有乐趣的人，自然很难得到别人的喜欢。

总之，不被人喜爱的原因是非常多的，只要你能很好地控制自己的情绪，就用不着担心。多为他人着想，自己的地位自然而然也就建立起来了。

结交异性朋友 要有原则

情感就像是一把双刃剑，既能载舟，亦能覆舟，它能把你载往胜利的彼岸，同时又能导致你的失败……

年少时，在感情的大海中漂流探险，寻找理想的伴侣，留下一些非常美好的回忆，也是人生旅途非常值得回忆的事情。

男女双方对于爱情与友谊的观点，通常都有些不同，两者的概念如果模糊不清的话，很容易使双方产生误解。尤其是心眼比较小的妻子，往往疑神疑鬼，经常会翻丈夫的手机，突击检查，甚至跟踪自己的丈夫，演出侦探小说般的情节来。男人中也有非常小心眼的，对于自己的太太很不放心，整天胡思乱想，阴云密布。

友谊与爱情在很大程度上是不同的。友谊被认为是年轻时候一种最主要的情感依赖和人际关系，它没有对别人的排斥性。友谊是青年社交过程中非常重要的组成部分。人生不能缺少友谊，对于青年男女来说，友谊在他们的生活中占据着非常重要的地位。青年男女经常在一起学习、工作，进行思想上的沟通和交流，就会建立起来相应的友谊。但友谊毕竟不同于爱情，爱情是人与人之间的强烈的依恋、亲近、向往，以及无私专一，并且无所不尽其心的情感。爱情具有这样的特点：一是以男女平等互爱为前提，是两性之间的感情关联；二是具有专一性和对于别人的排斥性；三是它的目的是结为生活伴侣。所以，它和友谊是有着根本上的差别的。在青年交往的过程中，有些青年男女将友谊和爱情混淆，这样的情况有两种：一是对方错把自己的友谊误解成爱情，再一种就是自己错把对方的友谊误解成爱情。这两种情况如果不能得到很好的处理，不但会损害双方的关系，而且会给男女双方带来非常多的麻烦。因此，我们应该认真对待友谊与爱情。

在现实的生活当中，对于双方之间有联系的男女，我们通常这样界定：正处于热恋中的双方互称"男朋友"、"女朋友",而平时交往的双方可以称为"男性朋友"、"女性朋友"。

封建社会的观念里面讲究"男女授受不亲"、"男女之间只有爱情,没有友谊"之类的观念是非常片面的,也是人际交往的非常大的误区。它把男女之间的交往很片面地控制在一种"性别之交"的范围内,那仅是从人的自然属性的角度来考虑,而忽略了人的社会属性。这种"性骚扰心理"的发展往往导致男女交往经常陷入混乱,最终引发不必要的麻烦。

结交异性朋友,将使自己收获很多。男女之间,由于性别方面的差异,因而有着各自不同的性格。性格上的相互补充,往往成为彼此帮助的互补。这种帮助有时是同性朋友之间"爱莫能助的"。

有一次,朋友们在酒吧一起唱歌,当然大部分都是男人。大家一边喝着咖啡,一边讨论着时事、物价和身边的趣闻。可是这种融洽和谐的气氛没能维持多久,席间就有两个朋友因为对某些问题的看法有分歧而吵了起来,而且脾气也越来越大,朋友们好言相劝都没有用,而且几乎到了大动干戈的地步。就在这紧要关头,我们其中的一位女性朋友站出来了。她面带微笑地说:"怎么有这么大的火气啊?有话好说,坐下来平静一下吧。"两位朋友听到这话,双方都觉得不好意思,便坐了下来,变得彬彬有礼,与刚才的他们判若两人。

对于未婚男女青年,可以将友谊发展为爱情。婚前多认识几个异性朋友,可以有选择的余地,这也是合情合理的事。年少时,在感情的大海中漂流探险,寻找理想的伴侣,留下一些非常美好的回忆,也是人生旅途非常值得回忆的事情。一旦步入婚姻的殿堂,就得扯下感情的帆,进入爱的避风港,过平静的生活。婚前的友谊是无拘无束的,自由自在的,婚后的爱情是单独的、专一的。

为保证友谊的清白,保证家庭婚姻的美满而不致产生误会,已婚男女在和异性交往的时候,应掌握好下列"钥匙":

1. 不能隐瞒,应该如实相告

已婚男女与异性交往,最好让彼此的另一半都知道。如果你的异性朋友不熟悉你的另一半，你应介绍使他们认识。如果因为工作需要有单独的交往，也应该告诉你的爱人，避免彼此引起误解，影响夫妻之间的和谐。切忌背着自己的另一半，与他不熟悉的异性交往。

2. 应该放得开

已婚男女在和异性交往的时候，和未婚男女的最大不同，在于这种交往是纯粹的友谊而没有丝毫的其他因素。所以这个时候的交往，应当摒弃少男少女的腼腆羞涩而落落大方。特别是在家中接待客人，对所有客人要平等对待。

3. 切忌有非分之想，要自己爱护自己

年轻男女，才华横溢、性格开朗、温柔漂亮，这些都会引起对方的喜欢。即便作为已婚男女，也会因此而招来异性的爱慕。对此切忌两点：一戒虚荣浮华，玩弄别人的感情。拿自己能引起异性的爱慕而得意非凡，或是向自己的爱人吹嘘，引起对方的猜忌，甚至导致家庭破裂的惨剧；或是借此玩弄他人的感情，使自己陷入到这个漩涡当中，最后弄得彼此都非常尴尬，最终导致无法挽回的后果。二戒喜新厌旧，控制不住自己的感情，禁不起他人的诱惑，轻易背叛自己的爱人。

至于如何对待倾慕自己的异性，最简单的办法就是时刻告诫他（她）你是有夫之妇或有妇之夫。这个时候，表明自己的态度要决绝。因为这已经不单单是你们两个人之间的事情，还涉及到道德、法律、义务等许多方面，万不能掉以轻心。你应该晓之以理，把握住形势，将其恋情转化为友谊。但这需要双方的理智和毅力都要提高，没有足够自信的人，为了避免日后不必要的麻烦，最好的办法是尽可能疏远、回避。

可聪明但不可自作聪明

有些时候，我们需要收敛一下我们的性格。这样会对我们的前途更有利。

年轻的华裔斯蒂芬·赵可谓声名赫赫，他从哈佛毕业后就在好莱坞大展拳脚，不久便一飞冲天，飞黄腾达，到36岁时已成为福克斯电视台的经理。

然而，在今年夏天，赵可遇到了一些不顺心的事情。在一次由总裁鲁伯特·迈都克主持的公司高层管理的会议上，当轮到赵就新闻检查进行报告时，他标新立异地安排一位演员在一旁脱衣以展现新闻检查之后果。可想不到的是这一弄巧成拙的噱头使董事们非常恼火，迈都克只好将他炒了鱿鱼。

为什么像斯蒂芬·赵这么聪明的人也会做出如此蠢事？身为一名管理顾问，曾认真分析了大量愚蠢的决定和出自那些高层人士之手的傻事。在我们的生活中难免会出现失去理智的时候，因此，在明白了精明的头脑为什么会乌云障目自毁前程时，就会使我们避免犯他们的错误。根据研究，聪明人做蠢事的原因大概有以下几种：

1. 自负看不起别人

"聪明人总觉得自己比别人了解得更多。"洛克菲勒集团的副总裁布雷特恩·塞克顿说道，"这离无所不知也就只差一步了。"

约翰·桑诺智商很高，并常以此炫耀自己。这位喜欢争斗的新罕布什尔前州长和白宫办公室主任在国会里处处树敌，却又不想要积极和解。桑诺曾看不起密西西比的参议员洛特，认为他"不足挂齿"，可洛特日后却变成共和党参议员主席，桑诺因此而显得非常尴尬。

高智商的桑诺甚至做出一些让人无法理解的蠢事，他使用军用飞机以个人名义频频视察，结果引发了众人的愤怒。可当他需要有人帮忙的时候却后院起火，平时受够了桑诺呵斥的手下人纷纷倒戈相向，很多人落井下石，桑诺的政治生涯就此结束。

大学是一块培养聪明人的自负的沃土。1990年，人们发现·斯坦福大学使用纳税人的钱做一些没有意义的事，诸如购买游艇和为校长唐拉德·肯尼迪的新偶举行新闻招待会。事情被揭发后，肯尼迪并不服气，相反却固执地认为政府的基金可用来支付与研究有关的"间接开支"，例如餐巾、桌布和在他家里举行的派对。他非常自大地说："即使是我家中的一朵鲜花，也是与研究活动有联系的。"

肯尼迪所做的辩解引起一片哗然。一位斯坦福大学的老师说："他好像觉得无论他做什么都是有充分理由的——只要是他做的。"几个月后，肯尼迪就因为忍受不了舆论的压力而被迫辞职。

人生就是这样，要切忌浮躁，不能在金钱和权利中迷失了自己，这样下来只会自食其果。

2. 偏执

倾听别人的建议对于成功来说是非常重要的，然而，一些聪明人却从来不会听取比他智商低的人的意见或建议。

从小的时候开始，智力超群便是一种可导致孤立的原因。那些天资过人者往往自成一体，抱团，不喜欢和其他人交往。

"聪明人喜欢和聪明人在一起，"咨询专家詹姆斯·威斯利说，"这也有一定的好处，但如果他们故步自封，自命不凡，接受不了别人的意见，事情就可能变糟了。"

这其中的一个危险是不愿承认适时而动。"当一个小范围的聪明人都同意某个计划时，"威斯利说，"他们就会显得偏执，即使在旁人有足够的证据证明其错误时也是这样。"

IBM曾有过一个惨痛的失败。几十年来，该公司在电脑业内一直居于垄断地位。但是，当商用电脑市场开始下滑，顾客将目光转向更便宜的机型时，"IBM"的高层领导者们却对这一变化置若罔闻，对下层的建议也漠不关心，结果呢？个人电脑一炮打响，"IBM"在过去几年中为此付出了巨大的损失。

倾听别人的建议对于成功来说是非常重要的，但是，一些聪明人却不会听取他认为比他智商低的人的意见。一名为一家饮料巨头工作的市场经理才华横溢，可不久为公司推出的一种新的饮料却没能产生预期的效果，后来人们发现，下层各部门送来的大量提议都被他丢在一旁。他对此的解释是："那些建议不过是些不满而已。"

3. 自信心爆棚

许多高智商者往往忽视了一个非常简单的道理：在某一领域表现出来的能力并不能代表你在其它方面也能取得成功。

维克多·加姆是哈佛商学院毕业生，靠推销小电器变成了百万富翁。1988年，加姆购买了"新英格兰爱国者球队"，要知道经营一个人事关系复杂的足球队与推销电动剃须刀是完全不同的两码事。果然，加姆接手后球队就一落千丈，随后又发生了球员对一名女记者的性骚扰而让这家俱乐部声名狼藉，球队因此一蹶不振。等到加姆从中摆脱出来时，他已经砸进去了几百万。

那些功成名就的人士和聪明绝顶的成功者都能深谙这些失误所蕴含的教训。他们喜欢倾听别人的意见，不会骄傲自大；他们能与形形色色的人打交道，决不故步自封；他们遇事三思而后行，也深知山外有山。

山姆·沃尔顿就是这样一位真正的商业巨子，这位白手起家到如今坐拥550亿美元的沃尔玛王国的商界符号，从不局限于呆在他的办公室里面，而是坐着私人飞机到各地去考查他的那一系列的连锁店，他能耐心倾听不同的"同事"（他称雇员为"同事"）们的意见，甚至常常站在柜台前亲自给顾客递购物袋。

沃尔顿的谦逊即是他成功非常重要的秘诀之一。那些竞争者往往因此而忽略了他，而他自己的员工对他深信不疑，能与之进行非常愉快的交流。"我们并不聪明，我们只是能掌握时局的变化而已"。这是老沃尔顿留下的一句箴言。

学会低头，方能抬头

即便当时的你忍无可忍，但只要你还不想辞职，那就千万不要顶撞你的上司，更不能当面让你的上司下不来台！

有一位刚刚毕业的大学生，他在一家贸易公司工作。平时他工作能力很强，思想也非常上进，工作也很努力，但默默耕耘了几年之后，他还是没有得到晋升的机会，当时和他同时进公司的人有的已经做了主管，可他还是一个最基层的员工。实际上，同事们都明白其中的原因，只是他总是转不过这个弯。有一天，他的上司正和公司老板一起下来视察工作，当走进他的办公室时，突然他站起来，对自己的上司说："经理，我想提一个个人的观点，我发现咱们部门的管理有点混乱，有时甚至连一些客户的订单都找不到。"或许他说的是实情，但因为这件事而引发的后果也就可想而知了。

或许你会认为，这个人的出发点是好的，只是想做好自己的工作。诚然如此，他的出发点不错，但我们要知道人性的另一面，谁也不希望自己的下属让自己当众出丑，即使有些人能做到不计前嫌，但对于这件事很在意的凡人会更多！因此这件事很可能会导致一些潜在的后果：一方面双方心里都有解不开的结，受到指责的人因为伤害了自己的自尊心，终究不能放下；指责他人者心理也总是害怕受到批评，时时警惕。另一方面可能会埋下复仇的种子，表面上看起来相安无事，主管当场会接受这样的建议，但心里可能会计较，会趁机报复。

一般来讲，那种真君子、大度量的上司在这个社会上还是存在的，但很多上司还是不愿意让人当众指责自己工作中的缺点和不足，特别是当着自己的领导，这样会毁了你上司的前程，即使你说得再符合实际，如果他因此而丢掉了自己的饭碗，他还会对你的提议表示感谢吗？如果他对你有情绪，也许会做出一些让你难堪的事情，如：

——冷落你，不让你做事。你再厚的脸皮，也不可能每天都坐在那里吧！

——挑你的毛病。明明你任务完成得不错，但他就是对你不满意，总是鸡蛋里面挑骨头！

——给你作出对你不利的业绩考核。业绩如果不出色，加薪、升官就肯定没有希望了。

——寻找一切机会来孤立你！

——当众批评你，让你没面子。例如在开会的时候点你的名，作为领导，他有批评你的权利！

不管怎么说，你的上司比你具有更多的优势，不管他使出上面的哪一招，都会让你这个当下属的寝食难安。如果你想给更高级的领导打小报告，除非你具有非常确凿的证据，而且你的上司犯了非常严重的错误，否则也不会有非常明显的效果。因为他毕竟是领导提拔上去的。

这样说来，只要能够把他拉下马就行了。如果你手上有确凿的证据，能够让他下台，也未尝不可，但这样的话，你会给自己招来一个"好斗"的评语；除非你手上有非常多的资源可以给别人分配，否则其他人一定会对你敬而远之，因为他们怕无意中也被你打倒。而更严重的是，你让现在的上司下了台，新换的上司就会疏远你，他会因为同样的原因害怕你！

所以，如果出现分歧，一定要找到一种合理的方法和上司进行沟通，最好晓之以理，即使不能心服口服，也不能当众顶撞自己的上司，如果你冒犯他人，只说明你显得还很稚嫩，缺乏一定的理智。

如果你因为年纪轻火气盛，不小心让你的主管当众下不了台，而且你也不想辞职的话，那就应该及时向上司道歉，这是亡羊补牢的唯一办法，也许你的上司接受你的道歉，会认为你当时并没有什么目的，而会理解你。如果不去负荆请罪，后果将会更糟糕——那会让你进入一条死胡同，最终只有"走人"！

[相信团队 的力量]

台湾作家柏杨曾经讲过这样一句话：一个中国人是条龙，三个中国人是条虫。而且这话也流传甚广。不管它是否完全属实，但的确从另一个侧面反映了我们中国人合作态度的缺乏：遇事喜欢逞英雄，不信任别人。我们喜欢"吃自己的饭，流自己的汗"的气魄，男子汉大丈夫自应立于天地之间。可是随着全球经济一体化的不断加强，市场经济的不断改革，人与人之间需要相互合作，企业与企业之间更应当注重相互配合。

缺乏合格的态度，必然是1+1 < 2

大家小时候都听过"三个和尚的故事"：一个和尚挑水喝，两个和尚抬水喝，三个和尚没水喝。故事很浅显，反映的道理却很发人深省，本来人越多，干活的人也应该越多，为什么到最后竟没有水喝？就是缺乏合作精神的典型表现。

天下熙熙，皆为利来；天下攘攘，皆为利往。每个人都有自己的私心和欲望，人生一世，谁不渴望自己这一生轰轰烈烈、衣锦还乡；谁不渴望像诸葛卧龙那样鞠躬尽瘁，名垂千古？为了实现自己的梦想、达到自己的目的，人们费尽心机，不择手段，不惜争个你死我活，窝里斗的非常激烈。或者尔虞我诈，或者两面三刀……本来好好的一件事弄得乱七八糟。

常言道："人为财死，鸟为食亡。"为官者为了尽快得到提升，耍遍心机，利用别人；从商者，为了敛财，更是你来我往，商场如战场；为了得到自己心爱的女人，为了拿上证书……太多的诱惑导致了太多的追逐。在追逐自己利益的过程中，人性扭曲了：同室操戈，手足相残！

"同行是冤家"，同类企业之间的相互排挤是同行关系中的主要部分。很多人都是天生的小人，有非常强的好胜心，不希望别人比自己好，为了搞垮对方，不择手段，也会不惜一切代价，不给人留一点余地，今天你整我，明天我整你，就在这种你来我往中搞内耗。他们从来不会想，换一种思考的方法，双赢的合作是达到目的的最佳选择。其实合作是为了更好地发展，因为一个人、一个企业不论它发展到哪一种程度，总会或多或少存在一些不足，如果能和自己互补的同行企业合作的话，也许这些问题就会得到很好的解决；同时，你也能用自己的优势去帮助对方，让双方各取所需，共同进步。

富士、施乐合作就是非常明显的例子。为开拓施乐在日本的市场占有率，施乐复印机公司与富士胶卷公司成立了一家合资企业。经过了一段时间，这家合资企业开始在全世界范围内向施乐供应商品，并成为相互合作的伙伴。它的规模越做越大，获得了丰厚的利润，并向施乐支付了一定的分红。但是，它所起的真正的作用却在于帮助施乐在20世纪80年代击退了日本产品的竞争，止住了施乐公司下滑的趋势，并让施乐公司在全球范围内重新掌握了主动权。由此可见合作的意义是非常重要的。

企业之间所进行的协作，往往是醉翁之意不在酒，是企业谋求发展和整合资源的手段，已经成为企业发展的一种战略。同行的大企业之间在面对是竞争还是合作发展这样一个选择时，更多的企业选择了后者，这是同行之间彼此生存的一种新形式。

现在的跨国公司在全球范围内"单枪匹马"奋战的少之又少，它们更多的是在形成战略联盟以后，要提高联盟整体的效益，还需付出很多努力。联盟体应尽可能避免与母公司的目标和战略相冲突。

从当前的情况来看，战略联盟是相当成功的，当然也不乏失败者，但它增长的速度依然很快。在联盟中应注重的非常关键的问题是，既要增强自己的市场竞争力，又要防患于未然，将联盟中可能存在的风险都考虑到，制定出相应的应对措施，以此来促进联盟战略目标的具体实现。

在我们中国，存在许多家族式企业，他们内部往往能够团结一致，可经常会陷入故步自封的境地，不信任别人，不喜欢和别人进行合作，在竞争中错过进一步发展的机会，最终被社会所淘汰。

在一家企业中所包括的关系，是人与人之间的关系。同样的道理，在企业与企业之间，也存在着企业内部合作的问题。一些身家不菲的硅谷公司一旦离开硅谷，虽然人和技术都没改变，但这家公司很可能会因此而变得一文不值。其原因就在于这家公司把自己发展的平台抛弃了。

简而言之，企业之间的合作就是企业之间通过内部写作共同获取外部资源的能力。总体来说，企业之间协作由两部分要素组成：一是最基本的要素，包括信任、网络和规则；二是熟练利用基础要素的能力。

信任是个体通过一系列交往所获得的对其他个体的可依赖程度的认识，也是对自己的一种信心，是要经过一定时间的验证才能获得的。信任感是可以转移的，A信任C是由于A信任B而B信任C，这样的话，范围更广的网络关系就可以通过总体的信任水平体现出来，而没有必要让每个成员都进行亲密接触。适当的行为规则则是作为一种社会范围内的交际，并且也是靠不同行为者之间的相互沟通和协商而逐渐发展的。

人们应该留意到，互惠的规则是建立在对彼此双方有利的关系基础之上的。与互惠原则紧密联系的是这样一种个体意识，它使执行者放弃自己当前的暂时利益而采取有计划的行动，但这不是仅仅从整个集体的利益出发的，而是也在为自身的长远利益做着打算。

英雄时代已经不属于这个社会了，不管是哪一种人、哪一个企业，如果不知道如何与人合作，还想靠自己一个人独闯天下，等待他的一定是狼狈不堪，一溃千里。为了集体的利益，为了顾全大局，不仅企业内部人与人之间需要充满默契的合作，企业与企业之间也一样需要配合。

获取人脉
资源有技巧

●————

⑧

会交朋友的人，知交遍天下；

不会交朋友的人，一个也难求。

由此可见，这交朋友也是需要技巧的。

再没有任何利益关系下，

不是什么人都随随便便交到知心朋友的。

本章将告诉你，

什么样的人更容易交到朋友，

怎样做才能获得更多人脉资源。

交友不疑，
疑友不交

　　人非草木，孰能无情。所以人总是容易被感情打动。想要让别人为你卖命，没有比收买他的心更好的方法了。古今成人事者，总是能通过各种方法使人心归附，使一批有才干的人甘心为他的大业赴汤蹈火。

　　李世民是我国历史上有名的政治家和军事家，他能够取得统一国家的胜利，并不光是靠太原起兵时的宿臣旧将，而且与一大批降将的功劳也是分不开的。无论是对于哪一类将领，李世民都能体察下情，施恩接纳，因而每一个将领都愿以死相报，真可谓是"滴水之恩"换取了"涌泉相报"。其中，最为典型的就是尉迟恭。

　　尉迟恭，字敬德，是隋唐时期有名的战将之一，为唐朝立下了不可磨灭的功劳。他原为宋金刚的部下，公元620年4月，宋金刚兵败逃命，尉迟恭等人被迫投降了李世民，一同投降的寻相将军及宋金刚的部下士卒在夜间偷偷地逃走了。这样一来，唐营里都指着尉迟恭窃窃私语。屈突通、殷开山等人，害怕尉迟恭逃跑，为唐留下后患，就把尉迟恭捆了起来，然后跑去对李世民说："尉迟恭骁勇绝伦，万人无敌，日后必为唐之大患，必须及早除之。现我等已乘其不备将其捆起来了，听候发落。"

　　李世民闻言大惊："你们可知道，尉迟恭如果要叛变，他怎么可能落后于寻相将军？现在寻相叛而敬德留，足见尉迟敬德毫无叛志呀！"说完，赶忙走到尉迟敬德面前，亲手为其解开了绳索，并把他引到了自己的卧室，拿出一箱金子相赐，说："大丈夫只以义气相待，请不要为小事介怀。如果将军不愿意留在这里，这箱金子可作为路费，略表我的心意。当然，我是怎么也不会因谗害正，更不会强留不愿与我交朋友的人。"尉迟恭听李世民如此一说，声泪俱下，立刻下拜道："大王如此相待，恭非木石，岂不知感，誓为大王效死，厚赠实不敢受。"李世民忙扶起他说："将军果肯屈留，金不妨受。"尉迟恭继续推辞，李世民便说："先我为将军留下，作为以后有功时的赏赐吧。"

第二天，李世民带了五百骑兵巡视战场，突然遭到王世充骑兵的包围追杀。王军人数超过万人，带队的大将军是一员名将，惯用长槊，紧紧地缠住李世民不放，李世民眼看就要被生擒，正在这性命攸关的紧急关头，突然一员猛将飞驰而至，冲开层层包围，把李世民从刀枪丛林中救了出来。此人正是众人皆疑独李世民信任的尉迟敬德。李世民回营后对敬德说："众将疑公必叛，我谓公无他意。相报竟这般快速吗？"再把昨夜那箱金子相赐，尉迟恭这才收下。

经此事变以后，尉迟恭几乎成了李世民的贴身侍卫，每次征战，都寸步不离。李世民好冒险，总喜欢把最勇猛的将领组成一支突击队，在敌军阵中左冲右突，以挫敌锐气或打乱敌人阵脚，其中每次尉迟敬德都参加了突击队。尉迟敬德也以能加入这支冒险队伍为荣，感激李世民的信任，对李世民更加忠诚，决心以死来报答李世民的知遇之恩。

唐朝统一中国之后，皇宫内部争夺皇位的斗争越来越激烈。李世民的哥哥李建成被立为太子，但他怕功高盖世、战将如云的李世民与他争夺太子之位，便联合三弟李元吉企图刺杀李世民。可是，李建成又十分害怕李世民的大批战将和护卫，尤其是形影不离而武功盖世的尉迟敬德。李建成深知尉迟恭是除掉李世民的最大障碍。于是他就采取了分化瓦解政策，有一天李建成派人送给尉迟恭一车金银珠宝，尉迟恭坚决辞退："敬德出身微贱，久陷逆地，幸亏秦王提拔，得有今日，现欲酬报秦王相遇，尚未有好机会，若取太子礼，我报恩更报不过来了……"

李建成等见金银珠宝并不能收买尉迟敬德，尉迟恭一心只思报效秦王。软硬不吃。李建成一计不成，又施一计，准备以北讨突厥为名，要调尉迟敬德做先锋，由李元吉带领离开长安，并决定在大军出发前，乘尉迟恭不在李世民身边时突然行刺以便除掉李世民。

尉迟敬德在探知这一情况后，便与其他谋臣一起，劝说李世民先下手为强，李世民率先发动玄武门事变，尉迟敬德协助李世民，捕杀了李建成和李元吉，并亲手割下两人的首级，假冒圣旨叱退李建成等人布置的军队，然后冒险执槊闯到李渊面前，逼迫李渊立李世民为太子。这样李世民在尉迟敬德等人的协助下，终于顺利地登上了太子之位，不久便做了皇帝。

可以这样说，李世民帝位的得来，是与他善用怀柔政策分不开的。没有他先以柔术，收买了众多像尉迟敬德这样的将领的心，他是很难在乱世中，脱颖而出，一统天下的。

可自信，
但不能自负

对于某些人来说，最大的毛病就是自命清高、不合群、难与人相处。事实上，犯这种毛病的人，最多的恐怕还是知识分子。当然，并不是说，读多了书，就一定会自以为是，目空一切，但是，相比之下，读书人爱犯这种毛病，是千真万确的事实。

其实不自觉的自视过高，大多出于生理原因，即人总是以自我作为判定和衡量是非、优劣的基础。一切由我出发，一切以我为准，这无疑是最自然、最方便的。在正常情况下，这是自信心的表现，在非正常情况下，就很容易变成不恰当的自我估计。

自觉的自视过高，大多出于心理原因，其动力就是虚荣心和护短。有人说虚荣是落后的根源、骄傲的渊薮，并非没有道理，正是虚荣心的作怪，人才往往欺骗自己，干出睁着眼睛说瞎话的傻事。不管是自觉的自视过高，还是未被察觉的不自觉的自视过高，都属于自己未能真正了解自己的范畴。这种现象，表现在对于社会要求方面，就是对社会的期望过高，盲目地要求它有自己本不存在的种种优点和能力，能有理想中的回报。但是，由于这种期望本来就是建立在虚假基础上的，所以最终的结果必然是难圆好梦，要求落空，于是随之而来的就是懊丧、不平以及对于社会和各种机遇与人际关系的诅咒与抗争。这种情况，在文学领域早就屡见不鲜了。李白当然不能说是无才，更不能说是愚盲，但他自恃才高盖世，目空一切，与人不相容，钻进了自以为一能百能、一通百通、"天生我才必有用"的死胡同，卷入政治涡流之中又难以自拔，所以也就必然要陷入孤芳自赏的迷魂阵，最后只能以悲剧而告终了。

清初有位颇具天赋的诗人黄仲则，本来他如果能够苦心创作，将会在诗坛上大有作为，但是他却一直为了自己在仕途上所遇多岐，未能受到所谓乾嘉盛世的惠赐而抑郁不平，牢骚满腹，由羡生妒，产生了一种极为强烈的逆反心理，直接影响了自己的身体与情绪，最后贫病交加，只活了三十五岁就含恨以殁了。

看过《三国演义》和听过京剧《失街亭》、《空城计》、《斩马谡》的人，想必都熟悉马谡这个志大才疏、自命清高，最终祸及自身的人吧。

马谡是"马氏五常"之一，幼负盛名，一直骄傲自满，不可一世。刘备早就看出了这一点，所以在白帝城向诸葛亮托孤之时，就曾提出："马谡言过其才，不可大用。"可是诸葛亮却没有看透这位夸夸其谈的纸上军事家，就在与劲敌司马懿交兵时，派他去负责军事要地街亭的指挥工作。不过诸葛亮终究是诸葛亮，在马谡出兵之前，他不但指派"老成持重"的王平当马谡的助手，而且一再嘱咐他；"街亭虽小，干系甚重。"并且请他安排就绪之后，立刻画一张地理图来，但马谡自恃才高，十到街亭，他就大发议论，说是："此等易守难攻之地，何劳丞相如此费心！"同时决定：就在山顶扎营。早把诸葛亮的嘱咐丢到脑后了。

王平提醒马谡不要忘记丞相的指示，按照街亭的情况来看，若扎营于山顶，实是死地。因为如果一旦魏军切断了我们汲水之道，大家成了"涸辙之鲋"，那就"不战自乱"了。但马谡板起面孔，摆出一副教师爷的身份，训斥王子："你懂什么？如果魏军真的围困我们，并断了汲水之道，那我们就是'置之死地而复生'了"。

结果，魏军一到，果然切断水路，围困马谡，马谡失去水源人夺不得，后来果然失去街亭，被诸葛亮斩首。自古以来，读书人之中像马谡之流可谓多矣。

古语道："秀才造反，十年不成。"这是因为人们知道中国的知识分子缺乏实干经验，纸上谈兵尚可，如果实干，恐怕得考虑考虑了。

［ 失面子是小，
失人脉是大 ］

道歉俗称认错。道歉的话一指按约定的方式去做事，因特殊情况失约而事后必须要作说明的话；二指对方当时未弄清情况造成误会，事后需要作解释的话；三是指做事时因失误或犯错而造成损失，事后需要向对方认错或补过时所说的话。道歉的话是消除后遗症的"定心丸"，说得越及时越好。及时说，可以大事化小，小事化无；如果必须要说的过后话因难于启齿而拖延时间，"捂"出来的后果就有可能像把热毒悟成痈疽那样危险。因此，要学会艺术地道歉，至少要掌握如下几个要点：

1. 如果你认识到了自己的不对，你就应该立刻去道歉

当然，当对方心情愉快，时间悠闲的时候效果是会好一点的。但比如说，你今天犯错了，隔了几天才认错道歉的话，也未免太不应该了。因为，事情过后你再去道歉，人们往往会怀疑你的真诚度。

2. 认错道歉要堂堂正正，不必奴颜婢膝

认错本身就是真挚和诚恳的表示，是值得尊敬的事情，不可不必为此一蹶不振。态度要诚恳，要坦率。当你有某件事想要对方谅解时，态度是很重要的。你应该坦率地向他说出这件事中的缺点、错误，并表示改正，这才能证明你希望获得谅解的决心。例如小王和小赵是在异地出差后乘同一个车回来的，他和她因是并列座位就攀谈上了，一攀谈就相识了，一相识就有相见恨晚的感觉，一有那种"感觉"就有了那层"意思"。于是分手时小王"白云出岫"，向小赵提出约请：明晚七时半在杏国第七棵杏树下"继续畅谈"，小赵也来个"流水下滩"，欣然答应，并且还相互留下了电话号码和住址。可到约之时小王因特殊情况失约了。事后，尽管在电话上能说清失约的原因，但小王还是亲自登门去向小赵说明原委：因邻居大娘得急病，他和几个青年抢时间送陈大娘到医院急救，难以脱

身。小王边说边拿出医院的一系列证据来证实这些都是真话，这使得小赵感动得泪流满面。尽管如此，小王还是很真诚地向小赵道歉说是自己失约了，以后将一诺千金再不违约。小赵听了这番话：更了解了小王的为人，以后的事，聪明的读者就可想而知了。

3. 道歉不要推延时间，要越早越好，要面对对方清晰地表明

若是事过境迁，一是难以启齿表达歉意，二是听者将会无视你的诚意。对自己所干的事勇于承担责任，不推托，不找借口，更不要文过饰非；也不要采取大事化小、小事化了的态度。

4. 既然是你已经做错了，就无需掩饰，勇敢地承担起责任才是获得谅解的最好办法

推卸责任或避而不谈，只能适得其反。向对方道歉时，要倾听对方的诉说，了解他的内心需求，有针对性地道歉。不可不视具体情况，就千篇一律地用"对不起"、"请原谅"，而是要具体问题具体分析，如果损坏了别人的东西，还应当赔偿。主观上要真心，充分显示出内心的悔意和爱人之心。如果将道歉视为息事宁人的手段，而漫不经心、敷衍塞责，不但起不到相互沟通的作用，反而会失去别人的尊敬，使关系向恶化方向发展。

5. 给对方时间以接受你的道歉

你的错误使对方产生不快，对方对你从不满到谅解，需要一个过程。如果你马上请他原谅没有当场被接受，稍后再过去表达你的歉意和不安亦可。如果是熟人之间要致歉，也可以相互回顾当时的情况，仔细分析发生不快的背景、起因和当时的处境，使对方分清什么可以原谅，什么不可以宽容。经过冷静地分析，可以更好地增进双方的友谊，弥补已经造成的裂缝和过失。

[一意孤行的人
吃亏越多]

中国有句俗话："听人劝，吃饱饭。"我们每一个人都不可能获得这个世界上所有的知识，这时谦虚地听取别人的忠告，可以让我们少犯很多错误。然而心高气傲的我们，很少有人能听进去别人的劝告。很多人一意孤行，最终吃了大亏才明白别人的好意。

罗斯福总统打猎的时候，他会去请教一个猎人，而不是政治家；正如他有政治问题的时候，会去请教一个政治家，而不是一个猎人一样。罗斯福之所以会有这样的觉悟，是因为他经受过切身教训的。

有一次，罗斯福和猎人麦利同时看见了一群野鸡，罗斯福便追着去打。"不要打。"麦利冲他喊道。罗斯福对这一劝告毫不理会。当他的眼睛正盯着野鸡的时候，忽然从树丛中跑出了一头狮子向他扑来，罗斯福想拿出他的手枪，可是已经太迟了。幸好麦利及时扣动了扳机，将狮子击毙，不然罗斯福恐怕就要为他的莽撞付出惨重的代价了。

事后，麦利毫不客气地责骂罗斯福是个头等的傻子，并以命令的口吻说道："我每次叫你不要打的时候，你就要站着不动，懂吗？"

罗斯福安然地忍受着麦利的责骂，因为他明白麦利所说的是完全正确的。日后他驯良地服从猎人的命令，他之所以服从是因为那个猎人在打猎方面具有丰富的经验。

术业有专攻，每个人都有自己熟悉的领域。在自己的领域内我们可能是专家，但在别的领域内我们也许只是菜鸟。一个电影明星的演技或许是无可挑剔的，但是如果让他去做生意，他可能会赔得一塌糊涂。同样，一个正直诚实的教师在教学方面成绩卓著，但是如果要他证明某种药品的好坏，恐怕也没有人能够相信他的判断。总之。人们总是会寻找专业领域的人士获得有关专业方面的知识和劝告，这样才会得到有益的忠告。

一个人的人格好，并不代表其对于任何事物都有证明的资格。然而，在请教别人时最容易走错的路，就是总是找那些心中觉得舒服的人，并且要那些人说谁是正确的。也就是说，通常在向人求教时，并不是想追求真正的智慧，或是利用长者已有的经验。不过是想让别人肯定自己的结论。如果得不到这种同情，仍会按照自己的计划行事。

这并不是我们所说的谦虚。谦虚的态度应是无论你的感觉好坏，最重要的是求得真理，获取有价值的经验。虽然你可以找到某些赞同你的人，获得你所需要的肯定。然而，你却不知道你的看法是不是有可行性，有没有与真理接近。因此，要养成一种对于别人的意见虚心接受的态度，使判断与感觉的好坏无关。

在接受忠告后，也要进行一番判断，然后再决定是接受还是拒绝。一旦接受了忠告，却把事情做错了，也不要责怪别人，因为接受忠告也是经过了自己的判断。如果一味地把责任归咎到朋友身上，以后恐怕也没有人敢给你提出意见和建议了。

要愉快地接受忠告，以谦虚的态度去对待它，以谨慎的态度去执行它，并要具有容人之量，从中完善自身，让自己成为更受欢迎的人。

别太以
自我为中心

每个人心目中最重要的人，其实就是自己。看团体照片时，你第一个看的是谁？大概99％的人是先看自己，看着照片上的自己，感到亲切，而且怎么看也不会腻，甚至有人会认为，就是旁边的人模糊不清，即使没照出来也无所谓。

在逛大街的时候，以观察女性为例，大部分的人会在玻璃橱窗前，看看自己的脸，还有人会对着镜子上的自己笑一笑，好像觉得很有趣。

这是不是一种异常的表现呢？回答是否定的。人是以自我为中心的。由上列情形可充分表现出入的心理和本性，然而我们也不会完全忽视他人，把这种关心自己的天性用来关心别人，正是人类不愿意孤独的心理现象。

一次，我的一个朋友在候车时，突然一位陌生人上前搭讪："我觉得，最近像你身上这种华丽的衣服，很不容易见到，我想布料是美国的。本人因为过去在某百货公司男装部服务，今天看到你这身好衣料，就过来和你聊天，你不介意吧。"被人称赞当然是高兴的事。不几天，他和公司里的同事们谈起这个话题："好的衣服，好的衣料，内行人一看就知道，听说这是某百货公司里最高级的时装。"虽然只是区区一件小事，这就表示那位看衣服的人很识货。如果你想表示关心，你就多讲些顺耳之言。

"您可能要生男孩。因此在这先恭喜您。"

"您的千金考上了名牌大学，这下该松口气了吧？"

这种乍看似乎不重要的话题，对听者来说，却感到很欣慰！

"科长，您的脸色看起来不太好，身体不舒服吧？请多加保重。"

"下雨路滑，回家路上请小心。"

对于下属以及同事们，也要谈些关心他们的话。"我觉得你最近……"不要找出理由来推脱，应该用行动来表示，当然不只是要表示关心，而且要表示热忱的关心才对。

"五月八日是你的生日，对不对，你今年几岁了？"——"啊！28岁！正是人生的黄金时期，以后办公室就看你们这些新鲜血液的表现了。"

绝对不会有人因为上级关心自己的生日而感到不舒服。"我是十月生的，与你什么相干？"好像一般人不会有这样回答的。但是值得注意的是，对于女同志的年龄最好不要谈论。

"王小姐，今天是你的生日，对不对？今年多大了？"——"啊，已经28岁了，准备找个什么样的男朋友呀？"这样的提问和关心，会令对方很不开心。

开玩笑也要有一个限度。有些没有口德的人常会讲些过去令人不快的经验或是尴尬的事。例如："小黄，你们厂宣告破产，是去年的今天吧？"人们往往会将过去的惨痛教训牢记在心，而这种关心法只会使得周围的人感到厌恶。

尽自己最大的努力，对别人尽力地表示诚恳的关心，就能够受人欢迎，并且一定能够获得众多可贵的友谊，这就等于在自己前进的道路上垫上一块厚厚的基石。

[以诚待人，才能被诚待之]

怎样才能使自己深受别人的喜爱呢？为了要得人喜爱，我们应朝着哪个方向努力？

自古以来。人们常常引用"博爱"、"宽容"这两个词，尤其是我们中国人，喜好用一些抽象的语言。往往仅仅提出口号就满足了，而不以践行为后盾，所以认真地问起："何为博爱，具体地说，应该做些什么？"这时候所能回答如此问题的人，实在是寥寥可数。我们时常很容易接受一句话，但却不曾思考它所含的深意。换言之，语言和实践已经脱节，而人们并不想促使他们合二为一。这种情况的确令我们痛心疾首。任何一句至理名言，如果不能实践，则是一句没有生命的呆板口号，散发不出智慧的光辉。因此我们必须不断地努力，促进语言和实践的接近。

常常有人主张，想成为一个备受欢迎的人物，必须以诚待人，或是关心别人。但是，放眼周围，我们不难发现，现实社会中充斥着戴假面具的伪善者。这些伪善的人，一旦被人发现其本来面目，就再也无法获得他人的信任。我们需要的是出自内心的真诚关怀。

然而，关怀必须适可而止。过度的关怀，会陡然令人心生厌烦。

换言之，虽然诚实、正直、亲切皆为得人喜欢的基本要素，但是绝对不是必然的要素。因此，我们必须深切地思考更确实具体地得人喜爱的方法。只有在具体的实践中，才能获得别人的喜爱。

意大利一家商业杂志举办了一次评选活动，评选一位"最有魅力的男子"。结果意大利尤文图斯足球队的教练里皮得票最多，成为一位"任何女子为之发狂的男人"。应该指出，这次评选的投票者，全部都是女性，所以，里皮获得的殊荣，可以说是一个男人在女性心目中印象的反射。

其实，不必羡慕里皮得到美人垂青，你同样也可以成为这样的人，无论何时何地，都能吸引异性的注意，在对方的心目中留下美好的印象。只要你培养出好风度，学习尊重别人，大家自然会喜欢跟你聊天，觉得你是天下第一等的好人。如何为自己建立一个魅力四射的形象？你需要注意以下各点：

待人诚恳，遇到愉快的事情，不妨笑一下；心中有疑难，不妨说出来与好朋友分担，客观听取对方的意见。

就算自己的薪水不高，也要学习做个慷慨的人。宁愿省俭一点，也不可跟人家斤斤计较，尤其是当朋友身困危境时。你要尽自己所能帮助对方。

人不可自以为是，目空一切，但更不可丧失尊严的自信。你要避免骄傲的言行，更要避免自怨自艾，未战先投降等愚行。

能够保持心境开朗，面上时常挂着微笑的人，不管在任何场合里，都是最受欢迎的人物。

一个时常改变主意，生活毫无规律而情绪化的人，试问怎样与人家融洽相处？你要避免犯自我放纵的毛病，现在就寻找生活的目标，培养正确的人生观，做一个有原则而重情重义的人。你会发现处处都向你伸出友谊之手。

学习尊重他人乃自重的根本，可惜一般人都不太重视这一点，结果弄巧成拙。

能够对一切新奇事情都感兴趣，拥有一个活泼的心灵，不墨守成规，虚心接受人家的意见的人，会散发一种诱人的馨香。

[多检点自己，
少指责他人]

人生活在这个大千世界上，需要很好地处理人际关系，需要与朋友友好相处，如何才能做到这一点？通俗地说，必须用善良的心来对待一切，必须时时检点自己，也就是要严以律己。同时，对待朋友要宽容，得饶人处且饶人，也就是宽以待人。

严以律己能兴国。唐太宗李世民，是封建王朝里最为开明的君主之一，他为人处事以善良慎重为准则，他在哀悼魏征时说："用铜作镜，可正衣冠；用古作镜，可知兴替；用人作镜，可明得失。"在贞观十三年说："外绝游观之乐，内却声色之娱。"正是他严格要求自己的言行，才得到百姓的敬仰和国家的昌盛。

严以律己，可使朋友从中感受到你的诚实，你的忠诚，也感受到你的为人。所以，很容易与朋友友好相处。

"万金易求，良心难得！"人心很容易受环境的影响，物质的诱惑。偏见的误导，恶人的拨弄，往往使人良心失落，失落了良心，怎能与朋友相处？对待朋友需要的是良心。对朋友要"宽"。怎样才能算是宽以待人呢？

1. 不能以自己为标准来要求朋友

生活在大千世界中的人在性格、爱好、职业、习惯等诸方面存在着很大的差异，对事物、问题的认识与理解也不尽相同。因此，我们不能要求朋友与自己一样，不能以自己的标准和经验来衡量朋友的所作所为，要承认朋友与自己的差别，并能容忍这种差别。不要企图去改变别人，这样做是徒劳的。

2. 不可吹毛求疵

金无足赤，人无完人。"人非圣贤，孰能无过！"宋代文士袁采说过："圣贤犹不能无过，况人非圣贤，安得每事尽善？"朋友与朋友在日常的交往中。不可避免地要出现或大或小的失误。这时不要动不动就横加指责，大声呵斥，甚至恨不得将他置于走投无路的境地，而是做到"乐道人之善"，多看到朋友的长处。《论语·阳货》中有"宽则得众"的思想。《论语·微子》中周公曾对鲁公说："无求备于一人！"

3. 不要怨恨朋友

若朋友未能满足自己的需求或有什么过错或做了对不起自己的事情，切不可怀恨在心。因为怨恨不仅会加深朋友间的误会，影响友情，而且会扰乱正常的思维，引起急躁情绪。凡事要站在朋友的角度想想，这样或许能够理解朋友的所作所为。

《菜根谭》中有句话："径路窄处，留一步与人行；滋味浓的减三分让人尝。此为涉世一极乐法。"在道路狭窄之处，应该停下来让别人先行一步。只要心中常有这种想法，那么人生就会快乐安详。此话也可以用在朋友之间，"人情反复，世路崎岖。行去不远。须知退一步之法：行得去远，务加让三分之功。"因此走不过的地方不妨退一步，让对方先过，就是宽阔的道路也要给别人三分便利。有理也要让三分。

[少些嫉妒之心，
多些欣赏之眼]

当你感受嫉妒之际，必然置身某种竞争。你的目标是击败"对手"，但你却经常不知道究竟对手是谁，是什么。是你的工作同仁？抑或同仁在办公室所耗费的时间？是你朋友的新装，抑或你朋友穿着新装的模样？抑或是你的朋友？是你隔壁的邻居？抑或是你隔邻美丽的后院花园？

你或许以为你嫉妒某人，但后来仔细观察却发现，你嫉妒的并不是这个人，不是他的作为，也并非他所拥有的一切。其实，嫉妒来自对自己的兴趣和自毁的倾向，你会嫉妒是因为你拿自己和别人相比，看到自己的表现，发现其他人更好、更多、更有吸引力等等。你参加的是一面倒的战争，你的对手其实是你自己。

嫉妒常被称为绿眼睛的恶魔。如果你对某人怀有嫉妒之心，可以确定的是，它不仅会伤害到你这些情绪所直指的人，而且你所受到的伤害可能更甚于他们。嫉妒就像疾病一样，他们会在你体内不断损害侵蚀你。

因为别人在事业上或者生活上所拥有的一切而感到难受，这种感觉会带给人们多少的痛苦？有多少的婚姻暴力是由于嫉妒心的作怪？有多少的婚姻毁于嫉妒？有时候人们的嫉妒确有其事，但有时候却纯粹是乱想。又有多少自杀事件，是嫉妒下的产物？有多少人是因为嫉妒别人而犯罪，以致坐大牢？除此之外，被某个你甚至不认识的人嫉妒，可能为你带来大麻烦，害你花了冤枉钱，甚至对你本身和声誉造成伤害。一般地说，嫉妒常常带来严重的后果：

1. 谋杀

亚当之子该隐之所以杀害他的弟弟亚伯，就是因为嫉妒他的弟弟。

2. 背叛

约瑟的兄弟之所以把他卖到埃及当奴隶，就是因为嫉妒他是父亲最爱的儿子。他们无法忍受看见他身上所穿外套的华丽。

3. 友谊破裂

有一位中年的新闻从业人员，他非常嫉妒他一位出名的小说家朋友，也嫉妒他朋友所出的书。而另一方面，他那位小说家朋友却嫉妒这新闻工作者由于一篇大众皆知的出色报导而被提名角逐普利策奖，因为这个奖项是那位小说家根本沾不上边的殊荣。结果这两位朋友从此话都不说了。

底特律常被称作车城，就跟纽约是大苹果、达拉斯是大D一样。而全美国最成功的唱片工业之一即是始于车城，那就是车城唱片公司。车城捧红过许许多多的歌星，像顶峰合唱团、黛安娜·罗斯、杰克逊家族、罗宾森、斯蒂夫·旺达和马文·盖等等。如果假定这些表演工作者很可能成为娱乐圈里其他人羡慕和嫉妒的目标，是很合理的事。事实上，演员、歌星和舞蹈演员所面对来自其他同行的嫉妒，可能是其他人远不及的。这或许是因为他们收入高，影迷歌迷们对他们的崇拜等等，以及他们拥有的广大影响力。

然而，不时有一些已经红了二三十年的演艺人员，公开表示对某些新出现的歌星、舞星和演员的支持。老一辈的佼佼者已将这种美德发扬光大，他们明白对新出道人员羡慕与嫉妒是无济于事的。那些新出现的人为了能够大红大紫，当然要付出相当的代价，就像那些已经成名的人当初所做的一样。不论它表现在哪一方面，才能才是最重要的；而我们对于他人的成就所感受到的情绪，应该只有为对方感到骄傲。

当你努力攀登顶峰时，把对他人的嫉妒转化为对他们的成就感到骄傲。不要只是说："我希望能够跟他或她一样。"你应该脚踏实地去做一些事，才能使得自己跟他或她一样有成就。既然羡慕与嫉妒的情绪并不能让你由板凳队员成为场上主力，那你为什么还要坐在场边任由这种情绪泛滥呢？

如果你总是在担忧别人在做些什么，以及他们是如何做的，你会发现你攀登顶峰的路途将是感觉艰辛。当你眼见别人表现得非常好，看到他们的成功或者正在享用胜利的成果，就好好看看他有什么是你可以借鉴的。可能只是一个微笑，也可能是他的态度、一句好话、一段时髦的话语。在你察觉之前，你早已经把你的嫉妒心抛到九霄云外，同时你也将自己的本领累积起来了。

以下是几个改掉嫉妒这一毛病的有效方法：

（1）想想别人好的一面，尤其是那些容易招致嫉妒的成功人士。喜欢一个人不仅是因为他是什么人，同样重要的是，你必须看到不是所有的人都喜欢他。如此一来，你心里就不会有空间可以容纳嫉妒了。

（2）让自己对一些有传染性的字眼产生免疫力，例如嫉妒。想想你手臂上或者大腿上的疤痕，它就是你的疫苗，使你不会嫉妒他人，或者成为他人嫉妒下的受害者。

（3）为了戒除某个坏习惯，方法就是用好习惯来取代它。你也可以用同样的方法来对付这个毛病，也就是用别的字眼来取代这些恶毒的字。例如，在你的想法里，当你看到别人的成就和成功时，将嫉妒换成赞赏或化为高兴。

（4）经常设想自己应该做什么，而不是去想别人做了什么。如果别人获得的成就当之无愧，就想想怎么做才能够使自己跟他们一样，而不是嫉恨他们已有的成就。

每个人都有
自己的"特殊才能"

一个人不论目前身份如何，工作现况如何，只要有心改变，都能将其本身独具的"特殊才能"发挥出来。

有位人寿保险公司的业务员，过着极为平凡普通的生活。

他一直努力工作，每个月访问100位客人，而每个月里也总有一两次的机会接触到大人物——大多是公司总经理级人物。虽然他每次在拜访这些大人物前，仍多少有些神经紧张，然而当他和这些大人物会面时，却往往比那些微不足道的小客户更能交谈沟通，进行顺利。更惊奇的是，每次访问这些大人物之后，缔结契约率总是远比那些小客户的成绩要好得多。

追究其原因，原来每当他和大人物见面交谈时，他神经紧张的毛病立刻消失，而且总是尽量投其所好，寻找对方有兴趣的话题，大人物们最讨厌那种阿谀奉承的人，而这位业务员绝对避免如此，因此谈话始终轻松愉快。尽管他有能力说服这些大人物购买他的保险，但由于他并不常拜访这种大人物级的客户，所以一年内，也只不过才有两三笔大生意而已。

实际上，在这里我们已可以明显地看到他的"才能"都被隐藏起来了。"就在这里"的信号闪个不停，但是他从不曾注意到，更不用说对这项才能加以利用了。

日子就这样一天天过去，数年之后，他的上司换了。新上任的业务经理，知道他具有开发大客户市场的能力，但是更想了解为什么他不能善加利用这项潜在的能力呢？

经过一番会谈后，他告诉业务经理："我每次想要拜访大人物时，精神总是非常紧张，所以我并不真的很想去拜访他们。"业务经理听完他的话后分析，如果他自觉到自己具有一种和大人物交谈时，会产生折冲作用的能力时，神经紧张马上就会消失无踪。业务经理就对他说，所谓自信其实就是自觉有能力去完成该完成的事。

又过了数年，这个业务员已成为保险界数一数二的业务高手了。

当然，他也开始向后起之秀传授有关这方面的亲身经验。其内容多半是他长期无法出人头地的原因——太晚发觉自己所具的潜能。然而一旦顿悟并加以活用之后，他就开始无往不胜地拓展出漂亮的业绩。

当他一开始活用其才能，他的身价与收入便急速上升。业务经理的预言果然一点也不错，当他懂得运用自己的说服力时，同时也带给自己无比的信心。现在的他说出了下面的狂言："我只要能够和对方见面谈话，任何一个大人物都会接受我的保险契约。"

不论是何种才能，一旦你开始运用，就会如同启动开关按钮般，立刻在你心底涌起某方面的自信。所谓自信，大部分都是在自觉拥有某种特殊才能后产生的。

学会倾听和赞美，人脉不请自来

如何才能拓展人脉？告诉你两大法宝：一是培养自信与沟通能力，二是学习适时赞美他人的能力。其实每个人都有一套累积人脉的方式，但是，到底要如何才能有效率的提升人脉竞争力？人力资源专家指出，要提升人脉竞争力有许多技巧，但是，前提是一个人必须先具备"自信与沟通能力"，才显得自然，也不为难自己。

从自信心来说，你的舒适圈（在不同场合中感觉到自在的程度）有多大？

一个没有自信的人，舒适圈很小，总是怕被拒绝，因此，他不愿主动走出去与人交往，更甭论要拓展人脉了。

在冷餐会或婚宴场合，西方人在出发前都会先吃点东西，并提早到现场。因为那是他们认识更多陌生人的机会。但是在华人社会里，大家对这种场合都有些害羞，不但会迟到，还尽力找认识的人交谈，甚至，好朋友约好坐一桌，以免碰到陌生人。因此，尽管许多机会就在你身边，但我们总是平白的让它流失。

其次是沟通能力，所谓的沟通能力，其实就是了解别人的能力，包括了解别人的需要、渴望、能力与动机，并给予适当的反应。要如何了解？"倾听是了解别人最妙的法宝"。

高阳描述"红顶商人"胡雪岩时，就曾经这样写："其实胡雪岩的手腕也很简单，胡雪岩会说话，更会读心，不管那人是如何言语无味，他能一本正经，两眼注视，彷佛听得极感兴味似的。同时，他也真的是在听，紧要关头补充一两语，引伸一两义，使得滔滔不绝者，有莫逆于心之快，自然觉得投机而成至交"。

除了倾听，适时赞美别人也是沟通妙法。美国钢铁大王卡内基，在一九二一年付出一百万美元的超高年薪聘请一位执行长夏布（Schwab）。许多记者访问卡内基时问：为什么是他？卡内基说："因为他最会赞美别人，这也是他最值钱的本事。"甚至，卡内基为自己写的墓志铭是这样的：这里躺着一个人，他懂得如何让比他聪明的人更开心。

很多华人最佩服国外老板的地方，就在于他们很会赞美别人。"人类本质里最深远的驱策力，就是希望具有重要性。"美国哲学家约翰·杜威（John Dewey）说。想想，你的老板多久没有赞美你了？你又有多久没有赞美你身边的同事、朋友或家人了？

学会适当
保持沉默

　　谁想要从另一方那里得到更多的东西，谁就必须做到一点：多听少说。谁说得越多，谁获得的东西就越少。

　　在沟通中，让对方说得越多，我们了解对方真正意图的机会就越多。所谓知己知彼，百战百胜。你掌握对方的情况，远比对方知道你的情况要多，你自然就把握住了先机。

　　那么，怎么样才能让别人说得更多呢？秘诀就是——"问"！怎么样才能让自己了解到的重要信息更多呢？方法就是——"听"！

　　可以说，"问"和"听"是沟通过程中最尖锐的利器。

　　在销售工作中，"问"和"听"是所有销售说服的关键，极其极其的重要。如果这个世界上只有一个快速提升业绩的方法，那就是——"问"和"听"！

　　作为销售者，你跟顾客说再多的东西，能够停留在其头脑中的，也就那点东西。但是，若你能问他问题，他就没有办法去想别的问题。若我们向他提问，就相当于把关注的目光转移到他身上了。在任何一个说服过程中，有效的都是多用问和听的，而不是用说的，销售过程中我们也要多问少说，多听少说。

　　只要有经验的销售者都知道，问和听在销售过程中的作用是极其重要的。只有问得多，顾客才会说得多，从他的嘴里传达出来的信息才会多，当销售人员掌握了大量的有关信息后，销售活动的成功机率才会更大。

　　因此，我们欲更快地提高我们的销售业绩，获得更多的订单，首先要学会使用沟通中最尖锐的利器——问和听。

　　1. 好的倾听者才能建立顾客信赖感

　　永远记住，推销最重要的关键是建立跟顾客的信赖感。在销售过程当中，你必须花至少一半的时间建立信赖感。而建立信赖感的第一个步骤就是倾听。很多推销员认为top sales（顶尖推销员）就是很会说话，其实真正的top sales是很少讲话的，而是坐在那里仔细地听。

要做到一个很好的倾听者，你就必须学会发问很好的问题。最顶尖的销售人员在一开始都是不断地发问，"你有哪些兴趣？"或是"你为什么购买你现在的车子？"、"你为什么从事你目前的工作？"打开话题，让顾客开始讲话。每一个人都需要被了解，需要被认同，然而被认同最好的方式就是有人很仔细地听他讲话。因为在现代的生活中很少人愿意听别人讲话，大家都急于发表自己的意见。所以假设你一开始就能把听的工作做得很好，你跟他的信赖感已经开始建立了。信赖感建立了，交易自然是迟早的事。

2. 雄辩是银，倾听是金

雄辩是银，沉默是金。在销售中，这句话就更有用处了。若是在给顾客下订单时，对方出现一会儿沉默的话，你千万不要以为自己有义务去说什么。相反，你要给顾客足够的时间去思考和作决定。千万不要自作主张，打断他们的思路，否则，你会后悔得吐血。

日本金牌保险推销员原一平曾有这样的推销经历：他去访问一位出租车司机，那位司机坚决认为原一平绝对没有机会去向他推销人寿保险。当时，这位司机肯会见原一平，是因为原一平家里有一部放映机，它可以放彩色有声影片，而这是那位司机没有见过的。

原一平放了一部介绍人寿保险的影片，并在结尾处提了一个结束性的问题："它将为你及你的家人带来些什么呢？"放完影片，大家都静悄悄地坐在原地。3分钟后，那位司机经过心中的一番激烈交战，主动问原一平："现在还能参加这种保险吗？"

最后，他签了一份高额的人寿保险契约。

在从事销售时，有的推销员脑子里会有这样一种错误想法，他们以为沉默意味着缺陷。可是，恰当的长时间的沉默不但是允许的，而且也是受顾客欢迎的。因为这可以给他们一种放松的感觉，不至于因为有人催促而作出草率的决定。

当顾客说"我考虑一下"时，我们一定要给予他充足的时间去思考，因为这总比"你先回去吧，我想考虑好了再打电话给你吧"。别忘了，顾客保持沉默时，就是他在为你考虑了。相比较而言，顾客承受沉默的压力要比我们承受的还要大得多，因此，极少顾客会含蓄地犹豫超过2分钟的。

如果你——推销员——先开口的话，那么你就失去了交易的危险。因此，在顾客开口之前，务必保持沉默，除非你想丢掉生意。

听话要听全，
别丢了对方的言外之意

在一次年终总结会上，老板张冰评价洪梁是个有上进心，工作能力也强的同志，就是考虑自己的问题多了一点。张冰用欲抑先扬的方式含蓄地指出洪梁的不足之处，还是比较注意谈话艺术的。可是洪梁听了以后生气地说：你看我不顺眼，要说我自私自利就直说，不要拐弯抹角的。

我们可以试想一下，要是张冰真的直截了当说洪梁自私自利，洪梁可能会更加恼怒。可见，缺乏倾听素质，会使交谈艺术无用武之地，更会使缺乏交谈艺术的谈话雪上加霜。交谈是一种互动式的双向交流活动。交谈双方共存于一个交谈场合，交替充当说话者和倾听者，二者是互相依存、互相作用的辩证统一体，忽视任何一面都可能导致交谈的中断和失败。

作为谈话者，每个人都应努力提高谈话艺术，但作为听者不能完全苛求别人的谈话艺术，特别要理性地对待缺乏谈话艺术的话语，自己不愿听的批评、指责性话语。这就需要我们提高倾听的素质，能动、灵活地理解别人的话语。

良好的倾听素质可以从以下几方面来培养。

1. 善于理解别人的谈话动机

有家公司的经理与外商谈判，未能达到预期的结果，他窝了一肚子火。回来后，他对下属说："看看你们这些人把事情都办成了什么样子，是要存心和我作对吗？"下属们听了后，都丈二金刚摸不着头脑。

下属里有一位叫小艾的猜测经理是冲着她来的，是想炒自己的鱿鱼，于是也大吵大嚷了起来。而叫小金的下属则心想：经理一贯是很和蔼的，今天大光其火，一定是有原因的。他待主管发完火平静下来后，才对经理说："您的压力很大，能让我们一起承担压力吗？"到底发生了什么事？经理于是说出了谈判不顺的事，并主动为自己的不理智向大家道歉。

通常，谈话者要谈问题，要批评或表扬人等等，都有一定的动机。这个动机或者是善意的或者是恶意的或者是较隐蔽的或者是较显露的，或者是从主观需要出发的或者是从客观需求出发的。作为受话者要尽量善意理解别人的谈话动机，即：尽量寻找和发掘对方善意的说话动机，从客观需要出发的谈话动机。

如何听出别人的谈话动机要因人而异，因具体情况而定。有的人性格开朗，做事大大咧咧，说话心直口快。既然他说者无心，我们又何必听者有意呢？听别人的批评指责，应本着言者无罪、闻者足戒的态度，不仅不应轻易怀疑别人批评的诚意，相反还要尽量发掘别人的诚意。对待言词激烈、情绪异常、很不理智、一股脑儿倾泻的话语，更不能妄加猜测别人有某种不为人知的、含有敌意的动机。为了不因对方情绪的变化，而影响对谈话动机的善意理解，首先要换位思维，为对方的冲动寻找客观原因，从而给予谅解，其次要引导对方把他恼怒的原因说出来。

2. 专心倾听，能动听解

新上任的校长和教师座谈，在谈到本校的一个发展优势时，他说："本校的大多数教师都来自于全国名牌大学，这些新鲜血液，改交了过去近亲繁殖的状况，这是一笔宝贵的人才资源。"这段话使许多年轻教师深受鼓舞，也使少数由本校培养的老教师听了心里不舒服。教师如果用科学常识和实践经验来考虑问题，对教师全部或主要由本校培养，代代相传，存在的许多弊端，就会有认同感，再结合谈话背景，也会明白这段话是面向青年教师，是鼓励教师发展优势的，并不是为了否定由历史造成的近亲繁殖的老教师的。只要这样全面和客观而且有取舍地去理解，心里就会坦然起来。

倾听应该是交谈活动中的一种重要行为，当自己交替成为听者时，对对方的谈话，应该专心倾听、能动理解。专心倾听，不仅要用耳，而且要用全部身心，不仅是对声音的吸收，更是对意义的理解。听者如果对谈话内容漫不经心，采取消极被动的态度，左耳进右耳出，那就很难和对方进行沟通，更无法取得较好的谈话效果。听者在采取专心倾听的态度后，还要对谈话内容进行能动理解。所谓能动理解，就是对谈话内容自觉努力地去接收和处理，即一方面用自己具有的科学知识、人生体验、实践经验，正确和全面理解，一方画以谈话背景为参照，有重点有取舍地理解。

3. 忽略方式，注意内容

通常，谈话方式和谈话内容是相辅相成和具有内在联系的。作为谈话者要尽量注重方式和内容的联系，运用既得体又富有艺术性的谈话方式。但作为读心者首先要注重谈话内容，不要太计较别人的谈话方式，有时甚至要有意识地忽略一些不恰当的方式。

有些人喜欢以主观猜测的方式来说出客观事实。例如某领导对文书说："你是不是不想在我这儿干了，所以将文稿写得这样糟糕？"如果计较这种情绪化的批评方式，文书就会反唇相讥，不但于事无补，而且会增加互相的误解。反之，对领导的话忽略方式，注重文稿不合要求这一事实，主动采取措施弥补，不仅能获得谅解，而且能使情况好转。更重要的是，你和领导的关系更加融洽，前途更加明朗。

4. 正确对待言外之意

交谈语言有显性和隐性之分。显性语言直言不讳，言明意显，一听就懂，用不着用心意会。隐性语言本意不从语面上直接表露，而是意在言外。如果谈话者使用隐性语言，让听者领会言外之意，听者就要善于根据不同的情况，正确对待言外之意。需要正确对待的言外之意一般有以下几种：

（1）不敢直言，不能直言，只好闪烁其辞，让人去领会言外之意。例如：某位省领导到农村一个生产队去调查，问农民近年来的生活情况。人们没有直言，只是一个劲地夸现在生活得如何如何好，猪喂得肥，鸡鸭养得多，自留地东西多，肚子吃得饱。在抓辫子、戴帽子、上纲上线严重的时候，这是不得已的含糊其词，所以这位省领导格外重视，慎重对待，从言外之意，领会到农民真正的心声。

（2）以友好的态度追求含蓄表达的效果。例如有记者采访时问某位领导："你对有的人喜欢抬轿子怎么看？"记者用借喻的方式，来询问他对一些社会现象的看法。听者也应该友好地对待言外之意，尽可能应和说话人的话语，说出自己的看法。被采访的领导是这样回答的："轿夫多的地方，老爷必定多。有人喜欢抬轿子，主要还是老爷乐意坐，老爷不坐轿，轿夫就要失业。"

（3）有意不实话直说，通过言外之意，产生冷嘲热讽的效果。例如：在一次工作会议上，一个部门领导正侃侃而谈，下面一个人听得不耐烦了，突然高喊："真臭！真臭！"这是以不友好的态度，表明言外之意，即你的讲话太长，内容太糟糕了。听者一方面要重视言外之意，了解他人的情绪，并尽量想办法缓解这种情绪，如压缩谈话内容等。一方面不要计较和追究言外之意，甚至有意识只理解语面意思而忽略言外之意，比如报以容忍的微笑说：这个同志说的环境污染问题，正是我们大家都应十分关注的问题。正确对待言外之意，不仅可以体现听者的胸怀和智慧，而且有助于了解情况、分析问题和融洽气氛。

5. 倾听之前先了解别人

大多数人听别人说话，并非求了解，而只是在盘算怎样回答。你如果为了解而聆听，只需全面而深入地了解对方，不一定要赞同对方观点。这样，你就会确实了解对方的真实想法，不会只想着自己，这样对你的工作会非常有帮助的。

当你明白对方关注什么之后，就可以清晰、具体、生动地讲述你的想法，令你的观点更有说服力。你不可只知自己，也须了解对方，商谈就会更贴合对方的需要，更有机会获得成功。

打断别人说话最失人心

一天，在某机关单位的某科室里，同事们都无心干活，便聚到了一块儿闲聊。

老马先挑起话题，只听见他神秘兮兮地说道："这次春节，我去泰国旅游，碰到了一件怪事……"话音未落，科长赵军就插话了："我知道，一定是遇到了人妖。"

"上一回我到泰国去，碰到了政变……"老马继续说。"我知道，"赵科长又急忙打断了他，"泰国这么一个佛教国家也会政变，真是蹊跷！上次我听说斐济政变……"然后，赵科长就说了一大堆斐济政变的逸事。

赵科长说完了，小周问道："泰国的政变不是早就结束了嘛，老马你又看到了啥？"

老马这才接上了话头："我看到了政变的标语是用……"话还没完，又被赵科长打断了："我知道了，一定是用狗血写的，我听说……"还没等他大吹一通，同事便叫他去接电话了。

这时，老马长舒了一口气，这才把话说完："我只是想说，我在泰国看到的政变标语是用中文写的。"大家互相对视，苦笑起来……

这个故事提示我们——

听话不要只听一半，不要把自己的意思，武断地加到别人所说的话上去，不要随意打断别人的说话。

以下三个问题可以判断出你是不是积极的倾听者：

——你是否提出问题，并等待答复？

——你回答问题是否快速直接？

——别人是否能感受到你的积极倾听？

建议大家对自己一天的交际活动进行录音，看看打断了别人多少次话头，如果超过十次，还经常使用"我知道、我觉得、我认为"等口头禅，就有可能像赵科长一样患上了"话语权力迷恋症"。这种病症的表现有交际心理和口才表达两方面。

在交际心理上，患者往往有自我中心主义的倾向。他们的话题总是围绕着自己展开，自己的见闻是最广博的，自己的经历是最曲折的，自己的见解是最高超的，总之，自己是最重要的。这样的人在交际中往往不太尊重他人，也得不到别人的尊重。

在口才表达上，患者不能准确判断参与谈话的时机。在交际活动中，需要等别人把话讲完了才能插话，别人讲了一半就打断是很不礼貌的。李文出于炫耀见识的心理，屡次打断老王，虽然夺取了话语权力，却好比是一个用强权实行独裁的"暴君"，会引起广泛的"公愤"。

要治疗"话语权力迷恋症"，需要从根本上改变自我心态。

凡患有这种病症的人，往往是各方面表现比较优秀的人，但是要认识到自己并不是世界上最重要的人。即使你聪明、能干、博学，别人也总有比你强的时候，你不应该也不可能是每一次交际的中心。

我们要学会旁观，默默关注别人的言行，会发现很多以前忽略的细节；要学会倾听，在别人的述说中获得教益、汲取养料；要学会参与，舍得放弃控制权，用平等的心态参与讨论……久而久之，你就会真正赢得别人的尊重，而你的智慧也会与日俱增。

交际不等于独白，只有大家参与进来，才能交流信息、融洽感情，所以要保证每个人都有充分表达的权力，这里的关键是不打断别人。这就要求我们能准确判断别人说话的"可能结束之处"，然后适时地接上话头。所谓话语的可能结束之处，一般具有三种标志：

第一种是语义标志。当对方开始对他的观点进行总结，或者一个事件已经叙述结束时，往往意味着你可以表达自己的意见了。

第二种是语气语调的标志。当说话人的话速放慢、语气加强时，往往意味着话语的结束，而一旦出现较大的停顿，就预示着他的话语已经正式结束了。

第三种标志是体态语。当说话人的目光稳稳地停留在读心人身上，而且停止手部的姿势，身体慢慢放松下来时，就代表此次发言要告一段落了。

熟悉这些标志，在交际中仔细观察，我们就能避免打断别人的话语，做一个受人欢迎的谈话者了。

关注细节，
助你成功

————————•————————

9

我们能不能花时间去了解那些我们想掌控的人呢？

我们是否能对不同的人区别对待呢？

大部分人即便是在面对客户和老板时也经常会忽略这种策略，

也许他们只会用这种方法去应付那些必须听他们命令的人吧！

可是，

这种对于细节的关注却是通往成功的必经之路。

学会
放下身段

在遭遇一些人事的困境时，难免不需要求人，求人就要低三下四，不要放不下自己的架子，风水毕竟轮流转，该屈就屈，能屈能伸，屈中见伸方为英雄。

不管你不如意的程度如何，只要你一觉得自己很沮丧、消极、痛苦，几乎到了要毁灭的地步了，那么，学习蟑螂的生活吧，人生难免要受点委屈的。

北京每年都会举办一次全市的灭蟑螂运动。没有人喜欢蟑螂，因为它不仅长相奇丑，生命力极强，而且还分布甚广，几乎到处都有，打死一只，待会又出来一只，逢缝就钻，有洞就躲，一般的杀虫剂还对他们起不到作用。

但是据研究，蟑螂是和恐龙同时期的昆虫，如今恐龙早已绝迹，蟑螂却仍在地球上顽强地存活着，并且繁衍大量。究其根源，是因为蟑螂可以在最恶劣的环境中生存下来，只要有一小滴水，就足够它活下来。

人如果有蟑螂的韧性，还有什么困境过不去，还有什么挫折受不了呢。

人的一生当中绝对会有不如意的时候，例如：生意失败、失恋、人事竞争落败、被羞辱、工作不顺、家道中落等等。依各人承受程度的高低，这些不如意对各人形成的压力与打击也会不同。有人身陷困境无动于衷，认为这是人生中必然的经历；有人则可以很快就挣脱出来，重新起航；但有些人只要被轻轻一击就倒地不起。

当你遭遇不如意，无论是客观原因还是主观原因，学习蟑螂吧。蟑螂是墙缝里可活、壁橱里可活、阴沟里也可活的昆虫。当你处身低谷，不就有如在墙缝里、壁橱里、阴沟里一样的感觉吗？如果你因为过着这样阴暗、充满脏臭与羞辱的日子从此丧失了斗志，失去活下去的勇气，那么你连一只蟑螂都不如，蟑螂可以活下来，为什么你不能？所以在最黑暗，最卑贱，最痛苦的时刻，想想蟑螂吧，然后顽强地坚持下来。

在人生的低谷中，不要去计较面子、身份、地位，也不要急着出头，虽然这种日子很容易让人沉不住气，但你只要沉下来气了，只要存在了，就会有希望和机会。

如果你像蟑螂一样地活下来了，必然会收获一些意外的惊喜：重新出头的那一天，你会得到更多人的尊敬。人虽然屈服于强者之下，但打不死的强者却具更强的号召力和感染力。

有过蟑螂般生活经验的人，便不怕他日横逆再来，而且会更具胆魄与见识，能屈能伸，对不如意事更能悠然处之，因为更阴暗的日子都过来了，还会被什么事为难到？

所以，不做恐龙横行一时，而宁愿学蟑螂生存无数年。

有一位大学生，在校时成绩很好，各种表现也非常的出色，大家对他的期望普遍很高，认为他日后必将有一番了不起的成就。大学毕业后，他果真取得了成就，但不是在政府机关或在大公司里有了作为，而是卖蚵子面卖出了名。

原来他在毕业后不久，得知家乡附近的夜市有一个摊子要转让，他那时还没找到工作，对烹饪很有兴趣，就向家人"借钱"，把摊子买了下来，自己当起了老板，卖起蚵仔面线来。

他的大学生身份曾招来很多不以为然的目光，但却也确实为他招揽了不少生意。他自己也从未对自己学非所用及高学低用产生过不平衡。

现在呢，他依旧在卖蚵仔面线，也兼具搞投资，钱赚得比一般人不知多多少倍。

"要放下身段。"这是他的口头禅和座名铭："放下身段，路会越走越宽。"

这个大学生如果不去卖蚵仔面线或许也会很有成就，但无论如何，他能放下大学生的身段，这种勇气还是很令人佩服的。我们不必学他非得去卖蚵仔面线，但要学会在必要的时候，学会他的勇气。

人的身段是一种自我认同，它并不是什么不好的事，但这种"自我认同"产生的"自我限制"就不怎么好了。也就是说，它容易限制个人行动：因为我是这种人，所以我不能去做这种事。

自我认同感越强的人，自我限制也越厉害。就像千金小姐不愿意和下女同桌吃饭；博士不愿意当基层业务员；高级主管不愿意主动找下级职员交流心得；知识分子不愿意去做苦力工作，他们都有一个相同的看法：如果那样做，就有损自己的身份。

　　这种身段感只会让自己的路越走越窄，并不是说有身段意识的人就不会拥有成功的人生。但是，在非常时刻，如果你还放不下身段，就只会让自己无路可走。博士如果找不到工作，又不愿意当业务员，那没办法，只有挨饿了。这时博士如果能放下身段，路就会越走越宽。

　　如果想在社会上走出一条自己的路来，就要放下身段，也就是说要放下你的学历，放下你的家庭背景，放下你的身份，让自己回归到普通人；同时，还要不在乎别人的眼光和看法，做自己认为值得做的事，走自己认为值得走的路。放下身段会让你在竞争上多几个优势：

　　1. 能放下身段的人，他的思考必然富有高度的弹性，能吸收各种资讯，形成自己庞大而多样的资讯库，这就是最大的本钱。

　　2. 能放下身段的人会比别人早一步抓住机会，也能比别人抓到更多更好的机会。

看人办事
事更顺

要想与对方顺利办事，必须深入了解交际对象，了解对方的性格、身份、地位、兴趣，然后投其所好，避其所忌，攻其虚，得其实，这样办起事来才能进退自如，成功有望。做不到这一点，就容易把本该办成的事办砸。

1. 不能忽视对方的身份地位

无论在哪个国家、什么时代，人们的地位等级观念都是很强的。对方的身份、地位不同，你说话的语气、方式以及办事的方法也应有异。如果不明白这一点，对什么人都是一视同仁，则可能会被对方视为无大无小，无尊无贱。尤其当对方是身份地位比你高的人，会认为你没有教养，不懂规矩，因而他不喜欢听你的话，不愿帮你的忙，或者有意为难你，这样就可能阻碍了自己办事的路子，使所办之事遇到障碍。

聪明人都是懂得看对方的身份、地位来办事的，这也是自己办事能力与个人修养的体现，平常我们所说的"某某人会来事"，很大程度上就体现在"见什么人说什么话"的才智上。这样的人不只当领导的器重他，做同事的也不讨厌他，这样，他们办起事来就比较容易。

2. 看准对方的性格，投其所好

人各有其情，各有其性。有的人喜欢听奉承话，给他戴上几顶"高帽"，他就会使出浑身力气帮你办事；有的人则不然，你一给他戴"高帽"，反而引起了他敏感性的警惕，以为你是不怀好意；有的人刚愎自用，你用激将法，才能使他把事办好；有的人脾气暴躁，讨厌喋喋不休的长篇说理，跟他说话办事就不宜拐弯抹角。

所以，与人办事，一定要弄清这个人的性格，依据他的性格，投其所好，或投其所恶才会对办事有好处。

对方的性格，是我们与其办事的最佳突破口。投其所好，便可与其产生共鸣，拉近距离；投其所恶，便可激怒他，使其所行按我们的意愿进行。无论跟什么样的人办事，我们都应首先摸透他的性格，依据其性格"对症下药"，就很容易"药到病除"，办事成功。

外交史上有一则轶事：一位日本议员去见埃及总统纳赛尔，由于两人的性格、经历、生活情趣、政治抱负相距甚远，总统对这位日本议员不大感兴趣。日本议员为了不辱使命，搞好与埃及当局的关系，会见前进行了多方面的分析，最后决定以套近乎的方式打动纳赛尔，达到会谈的目的。下面是双方的谈话：

议员：阁下，尼罗河与纳赛尔，在我们日本是妇孺皆知的。我与其称阁下为总统，不如称您为上校吧。因为我也曾是军人，也和您一样，跟英国人打过仗。

纳赛尔：唔……

议员：英国人骂您是"尼罗河的希特勒"，他们也骂我是"马来西亚之虎"，我读过阁下的《革命哲学》，曾把它同希特勒《我的奋斗》作比较，发现希特勒是实力至上的，而阁下则充满幽默感。

纳赛尔：（十分兴奋）呵，我所写的那本书，是革命之后，三个月匆匆写成的。你说得对，我除了实力之外，还注重人情味。

议员：对呀！我们军人也需要人情。我在马来西亚作战时，一把短刀从不离身，目的不在杀人，而是保卫自己。阿拉伯人现在为独立而战，也正是为了防卫，如同我那时的短刀一样。

纳赛尔：（大喜）阁下说得真好，以后欢迎你每年来一次。

此时，日本议员顺势转入正题，开始谈两国的关系与贸易，并愉快地合影留念。日本人的套近乎策略产生了奇效。

在这段会谈的一开始，日本人就把总统称作上校，降了对方不少级别；挨过英国人的骂，按说也不是什么光彩事，但对于军人出身，崇尚武力，并获得自由独立战争胜利的纳赛尔听来，却颇有荣耀感，没有希特勒的实力与手腕，没有幽默感与人情味，自己又何以能从上校到总统呢？接下来，日本人又以读过他的《革命哲学》，称赞他的实力与人情味，并进一步称赞了阿拉伯战争的正义性。这不但准确地刺激了纳赛尔的"兴奋点"，而且百分之百地迎合了他的口味，使日本人的话收到了预想的奇效。

3. 观其行，知其心

通过对方无意中显示出来的态度、姿态，了解他的心理，有时能捕捉到比语言表露得更真实、更微妙的内心想法。

例如，对方抱着胳膊，表示在思考问题；抱着头，表明一筹莫展；低头走路、步履沉重，说明他心灰气馁；昂首挺胸，高声交谈，是自信的流露；女性一言不发。揉搓手帕，说明她心中有话，却不知从何说起；真正自信而有实力的人，反而会探身谦虚地听取别人讲话；抖动双腿常常是内心不安、苦思对策的举动，若是轻微颤动，就可能是心情悠闲的表现。

懂得心理学的人常常通过人体的各种表现，揣摸对方的心理，达到自己办事的目的。

推销员在星期天做家庭访问，必定会注意受访夫妇翘腿的顺序。如果是妻子先换脚，然后丈夫跟着换，可认为是妻子比较有权力，只要针对妻子进行进攻，90%可以成功；若情形相反，当然是丈夫比较有权力，这就需要针对丈夫进攻了。

办事之前，通过察言观色把握住对方的心理，理解他的微妙变化，有助于我们把握事态的进展。

设法影响别人的决定

千万不要以为你能独自控制你在事业上发生的一切。不，你不能够。从某种意义上说，你的命运是由别人决定的。你唯一的希望，是设法影响别人的决定。

每一种职业都有它重要的接触点——人。他们能推你向前，也能拉你后退。他们能使你成功，也能使你失败。

你的上级、你值得信赖的顾问、你重要的客户、你出色的下级、你的信息来源……他们都是你的重要接触点。

我们一般都能认清谁是我们明显的接触点，但有时我们也不免会忽略一些不明显的接触点。如果真的忽略了，那将是一个极大的错误。

同样重要的是，自己虽然已经建立了重要的接触点，却忽视了彼此的关系，或者说忽视了与他们保持不断的、直接的和亲自的联系。因为有时我们已将注意力转移到更加紧急的事情上了。这就是说：你误认为你一旦点燃了火种，便可以不必再添柴而能使它永不熄灭了。

在事业方面，有两种重要的接触点：一种是保持现状的接触点——指可以帮助你保持你现在的良好状况。而不失去力量或优势的那些人们；另一种是改进情势的接触点——指那些能帮助你进一步发展的接触点。

例如：对一位厂长或经理而言，保持现状的接触点——上级组织或领导；改进情势的接触点——横向联系的其他单位的领导。

对销售员而言，保持现状的接触点——一位忠实的客户；改进情势的接触点——经努力争取了很长时间的新客户。

对一般干部而言，保持现状的接触点——直接领导；改进情势的接触点——在偶然间相识，但能提供他一个进一步发挥才干和担任较重要工作的人。

你的重要接触点，不管看起来如何经久，却不必期望长久保持。只有极少数的重要接触点，可以长久保持。你今天依赖的人，也许明天就不存在了。也许是他们的情况变化了；也许是你的情况变化了；也许是你们彼此间的关系改变了。

衡量一种关系的好坏，其方法之一，就是看维持这种关系需要多少妥协。凡属人际关系的维持，都不免需要几分妥协。其中需要最少妥协的关系，就是最好的关系。你得盘算一下，为了保持某一重要接触点，你愿付出多大的代价。如果需要太多的妥协，或太大的代价，那还不如另觅他途！

因此，我们需要一套直接的、亲自的和持续的接触准则。

1. 直接的接触

就是指不用任何中间人的接触。在事业上，有些事情你可以授权他人，但有些事你就不能授权。与你的重要接触点保持联系，正是你不能授权他人的一项。亲自去接触吧！

2. 亲自的接触

就是指手握手的接触，面对面的接触，眼对眼的接触。只要是适当，即使亲密无间亦无不可。写信固然不错，打电话也未尝不可，但面对面则更佳。

3. 持续的接触

就是指稳定的、持久的、不终止的接触。与持续的接触相对的，是一曝十寒的、偶尔为之的接触。

请你记住：忽略了你的重要接触点，实际上就等于浪费你的金钱，也等于浪费你的时间。

吃点小亏
才能有更大的福

想请朋友办事，就要让朋友欠个人情，而自己吃亏就是一个很好的方法。

不管是大亏还是小亏，对搞好朋友关系有帮助，你要尽可能地吃下去，不能皱眉。尤其是大亏，有时更是一本万利的事情。没有几人会不知道"红顶"商人胡雪岩，他的发迹史实际上就是一个善于做人、善于吃亏的经历。

胡雪岩本是江浙杭州的小商人，他不但善经营，也会做人，颇通晓人情，懂得"惠出实及"的道理，常给周围的人一些小恩惠。但小打小闹不能使他满意，他一直想成就大事业。他想，在中国，一贯重农抑商，单靠纯粹经商是不太可能出人头地的。大商人吕不韦另辟蹊径，从商改为从政，名利双收，所以，胡雪岩也想走这条路子。

王有龄是杭州一介小官，想往上爬，又苦于没有钱作敲门砖。胡与他也稍有往来。随着交往加深，两人发现他们有共同的目的，只是殊途同归。王有龄对胡说："雪岩兄，我并非无门路，只是手头无钱，十谒朱门九不开。"胡雪岩说："我愿倾家荡产，助你一臂之力。"王有龄说："我富贵了，决不会忘记胡兄。"

胡雪岩变卖了家产，筹积了几千两银子，送给王有龄。王去京师求官后，胡雪岩仍旧操其旧业，对别人的讥笑并不放在心上。

几年后，王有龄身着巡抚的官服登门拜访胡雪岩，问胡有何要求，胡说："祝贺你福星高照，我并无困难。"

王是个讲交情的人，他利用职务之便，令军需官到胡的店中购物，胡的生意越来越好、越做越大。他与王的关系也更加密切。

正是凭着这种功夫，胡雪岩使自己吉星高照，后来被左宗棠举荐为二品官，成为大清朝唯一的"红顶商人"。

以吃亏来交友，以吃亏来得利，是一种比较高明和有远见的办事技巧。

当然，吃亏也必须讲究方式和技巧。亏，不能乱吃，有的人为了息事宁人，去吃亏，吃暗亏，结果只是"哑巴吃黄莲，有苦难言。"孙权就这样，为了得回荆州，假意让自己的妹妹嫁给刘备，结果在诸葛亮的巧妙安排下，孙权不仅赔了妹妹，又折了兵，荆州还是在人家手中，这个亏未免吃得太不值得。

亏，要吃在明处，至少，你该让对方意识到。

智者说：吃亏是福。因为吃亏你就成了施者，朋友则成了受者，看上去，是你吃了亏，他得了益，然而，朋友却欠了你一个人情，在友谊、情感的天平上，你已加了一个筹码，这是比金钱、比财富更值得你珍视的东西。吃亏，会让你在朋友眼里变得豁达、宽厚，让你获得更深的友情。这当然会使朋友更心甘情愿帮助你，为你办事。

有求他人 要求得正确

开口托人办事儿毕竟是件难事，但如果掌握了技巧，难事也就变得容易了。

1. 借别人的口说自己的话

西安事变前夕，张学良和杨虎城频繁晤面，都有心对蒋发难。可在对方没亮明态度之前，谁也不敢轻易开口。眼看时间越来越近，双方都是欲说还休。杨虎城下面有个著名的共产党员叫王炳南，张学良也认识。在又一次晤面中，杨虎城便以他投石问路，说道："王炳南是个激进分子，他主张扣留蒋介石！"张学良及时接口道："我看这也不失为一个办法。"于是两个聪明的将军开始商谈行动计划。

渡江战役前夕，国共和谈破裂，国民党政府即将垮台。周恩来力劝国民党和谈代表留在北平共事，代表们也对原政府失去了信任，却不知毛泽东能不能容忍他们这些异党分子，就想探个究竟，也好为自己求得一条退路。可如果直接相问，就明显有乞降之嫌，大家都抹不开面子。有一个成员趁打麻将之机，轻描淡写地问毛泽东："是清一色好，还是平和好？"毛泽东心领神会，爽快答道："还是平和好，我喜欢打平和。"

就这样，一个重大的信息悄然传了过去，代表们全留了下来。问者自然高明，回答也是不凡。

2. 用虚话套实话

做老实人说老实话，应是为人的一条准则，但直炮筒子未必处处受欢迎，特别有时连自己也不明白要说的是不是实话，那该怎么办呢？

张某托好友王局长为自己办件事，忽然听说他被捕"进去了"，又不知真假，就到张家探望。确实只有局长夫人在家，满脸愁容。张某开口道："老王怎么没在家呀？"果然张夫人长叹一声："唉！心脏病又犯了，昨天送进医院了……"

原来如此！如果，张某实话询问王局长是否真的被捕了，那场面如何？张某是这样设想的：如果王局长真的被捕了，其夫人自然会实情相告。虚虚实实，转换自如，毫不唐突。

3. 借轻松幽默的玩笑话说实事

轻松幽默的话题，往往能引起感情上的愉悦；庄重严肃的话题会使人紧张慎重。只要有可能，最好能把庄重严肃的话题用轻松幽默的形式说出来，这样对方可能更容易接受。

一个年轻打工者在一家外资企业打工，在较短的时间内，连续两次提出合理化建议，使生产成本分别下降30％和20％。大鼻子老板非常高兴，对他说："小伙子，好好干，我不会亏待你的。"

这青年当然知道这句话可能意义重大，也可能不值一文。他想要点实在的，便轻松一笑，说："我想你会把这句话放到我的薪水袋里。"洋老板会心一笑，爽快应道："会的，一定会的。"不久他就获得了一个大红包和加薪奖励！

面对老板的鼓励，青年人如果不是这样俏皮，而是坐下来认真严肃地提出加薪要求，并摆出理由若干条，岂不太煞风景，甚至适得其反。

4. 绕个弯子套对方说话

有时，一些话自己说出来显得尴尬，这时，诱导对方先开口无疑是上上之策。

王某准备借助于好友赵某的路子做笔生意，在他将一笔巨款交给赵某的第二天，赵某暴病身亡。王某立刻陷入了两难境地：若开口追款，太刺激赵某的未亡人；若不提此事，自己的局面又难以支撑。

帮忙料理完后事，王某是这样对赵夫人说的："真没想到赵哥走得这么早，我们的合作才开始呢。这样吧，嫂子，赵可的那些关系户你也认识，你就出面把这笔生意继续做下去吧！需要我跑腿的时候尽管说，吃苦花力气的事情我不怕。"

看他，丝毫没有追款的意思，还豪气冲天，义气感人，其实他明知赵妻没有能力也没有心思干下去。话中又加上巧妙的提醒：我只能跑腿花力气，却不熟络那些门路；困难不小还又时不我待。

结果呢？赵妻反过来安慰他道："这次出事让你生意上受损失了，我也没法干下去了，你还是把钱拿回去再找机会吧。"

5. 通过旁敲侧击达到目的

生活中为人求情、代人办事儿常常遇到令人不满意的情况，可是只要你学会委婉的表达方法，旁敲侧击，往往能起到意料不到的效果。

韩国修筑新城的城墙，规定限15天完工。大臣段乔负责主管此事。有一个县拖延了两天，段乔就逮捕了这个县的主管员，将其囚禁起来。这个官员的儿子设法解救父亲，就找到管理疆界的官员子高，让子高去替父亲求情。子高答应了这件事。

一天，见了段乔后，子高并不直接提及释人的事，而是和段乔共同登上城墙，故意左右张望，然后说："这墙修得太漂亮了，真算得上是一件了不起的功劳。功劳这样大，并且整个工程结束后又未曾处罚过一个人，这确实让人敬佩不已。不过，我听说大人将一个县里主管工程的官员叫来审查，我看大可不必，整个工程修建得这样好，出现一点小小的纰漏是不足为奇的，又何必为一点小事影响您的功劳呢。"

段乔见子高如此评价他的工作，心中甚是高兴，然后又听子高的见解也在情理之中，于是便把那个官员放了。

那个官员之所以能够获免，原因大多在于子高的求情。子高把一顶高帽子给段乔带上，然后就事论题，深得要领，不能不令人拍案叫绝。其实，一般人都存在顺承心理和斥异心理，对那些合自己心意的就容易接受。因此，顺应事物的发展规律，巧言游说，便容易成功。

6. 用商量的口气

以商量的口气把要求办的事儿说出来不失为一种高明的办法。如：

"能不能快点把这事儿给办一下？"

"这事儿给办一下是不是可以？"

装做自己没把握，把请求、建议等表达出来，给对方和自己留下充分的退路。例如："你可能不愿意去，不过我还是想麻烦你去一趟。"

在别人或者向别人提出建议时，如果在话语中表示人家可能不具备有关条件或意愿，那就不会强人所难，自己也显得很有分寸。

7. 央求不如婉求，劝导不如诱导

美国《纽约日报》总编辑雷特身边缺少一位精明干练的助理，目光瞄准了年轻的约翰·海，他需要他帮助自己成名，帮助格里莱成为这家大报的成功的出版家。而当时约翰刚从西班牙首都马德里卸除外交官职，正准备回到家乡伊利诺州从事律师业。

雷特请他到联盟俱乐部吃饭。饭后，他提议请约翰·海到报社去玩玩。从许多电讯中间，他找到了一条重要消息。那时恰巧国外新闻的编辑不在，于是他对约翰说："请坐下来，为明天的报纸写一段关于这消息的社论吧。"约翰自然无法拒绝，于是提起笔来就做。社论写得很棒，格里莱看后也很赞赏，于是雷特请他再帮忙顶缺一星期、一个月，渐渐地干脆让他担任这一职务。约翰就这样在不知不觉中就放弃了回家乡做律师的计划，而留在纽约做新闻记者了。

由此可以得出一条求人办事儿的规律：央求不如婉求，劝导不如诱导。

在运用这一策略的时候，要注意的是：诱导别人参与自己的事业的时候，应当首先引起别人的兴趣。

当你要诱导别人去做一些很容易的事情时，先得给他一点小胜利。当你要诱导别人做一件重大的事情时，你最好给他一个强烈刺激，使他对做这件事有一个要求成功的希求。在此情形下，他的自尊心被激起来了，他已经被一种渴望成功的意识刺激着了，于是，他就会很高兴地为了愉快的经验再尝试一下了。

凡是领袖人物，都懂得了这是使人合作的重要策略。但有的时候，常常要费许多心机才能运用这个策略，有时候又很便当。像雷特猎获约翰一例，他只是稍许做了些安排。

总之，要引起别人对你的计划的热心参与，必须先诱导他们尝试一下，可能的话，不妨使他们先从做一点容易的事儿人手，这些容易成功的事情，在他们看来，往往是一种令人兴奋的真正的成功。

8. 适当催问别人帮你所办的事

催问别人时要注意用语的分寸，应多用恳请语气；千万不可用"怎么还不处理呀？""不是说今天就给我答复吗？为何讲话不算数？""你们到底什么时候解决？""这个月底前必须处理！"等责问句或命令句。如果改换另一种询问口气，可能效果会好得多。

不能有急躁情绪，要耐心地、不厌其烦地登门拜访，申诉你的理由和要求。别指望很快就能得到答复和处理，要有长期作战的心理准备。即使受了冷遇，碰了钉子，或者处理者发了火，你也要沉住气，只要问题能处理，受点委屈也是值得的。

在催问时间的间隔上，要越来越短，次数上要越来越频繁，要造成处理者的紧迫感。频频催问很可能会引起对方的烦躁，这不要紧，只要你是有礼有节，就没有关系，只要你坚持不懈，就会带来转机。

对付僵局，突破有法

在谈判遇到僵局的时候，要想突破僵局，不仅要分析原因，而且还要搞清分歧的所在环节及其具体内容，比如是价格条款问题，还是法律合同问题，或责任分担问题等等。在分清这些问题基础上，进一步估计目前谈判所面临的形势，检查一下自己曾经做出的哪些许诺可能存在不当之处，并进而认真分析对方为什么在这些问题上不愿意让步，困难之所在等等。特别是要想方设法找出造成僵局的关键问题和关键人物，然后再认真分析在谈判中受哪些因素的制约，并积极主动地做好与有关方面的疏通工作，寻求理解、帮助和支持，通过内部协调，我们就可对自己的进退方针、分寸做出大致的选择。然后，我们就要认真研究突破僵局的具体策略和技巧，以便确定整体行动方案，并予以实施，最终突破僵局。

常见的用以突破僵局的策略与技巧主要有以下几种：

1. 从客观的角度来关注利益

在洽谈陷入僵局的时候，人们总是自觉不自觉地脱离客观实际，盲目地坚持自己的主观立场，甚至忘记了自己出发点是什么。因此，为了有效地克服困难，打破僵局，首先要做到从客观的角度来关注利益。

在某些谈判中，尽管主要方面双方有共同利益，但在一些具体问题上双方存在利益冲突，而又都不肯让步。这种争执对于谈判全局而言可能是无足轻重，但是如果处理不当，由此而引发的矛盾，当激化到一定程度即形成了僵局。由于谈判双方可能会固执己见，因此找不到一项超越双方利益的方案来打破这种僵局。这时，应设法建立一项客观的准则，即让双方都认为是公平的，既不损害任何一方面子，又易于实行的办事原则、程序或衡量事物的标准，这往往是一种一解百解的枢纽型策略，实际运用效果很好。

在客观的基础上，要充分考虑到双方潜在的利益到底是什么，从而理智地克服一味地希望通过维持自己的立场来"赢"得谈判的做法。这样，才能回到谈判的原始出发点，才有可能突破谈判的僵局。

2. 从不同的方案中寻找替代

业务谈判过程中，往往存在多种可以满足双方利益的方案，而洽谈人员经常简单地采用某一方案，而当这种方案不能为双方同时接受时，僵局就会形成。

业务谈判不可能总是一帆风顺的，双方之间磕磕碰碰是很正常的事情。这时，谁能够创造性地提出可供选择的方案，谁就能掌握谈判中的主动。当然这种替代方案一定既能有效地维护自身的利益，又能兼顾对方的利益要求。不要试图在谈判开始就确定一个什么唯一的最佳方案，因为这往往阻止了许多其他可作选择的方案的产生。相反，在谈判准备期间，就能够构思出彼此有利的更多方案，往往会使谈判如顺水行舟，一旦遇到障碍，只要及时调拨船头，即能顺畅无误地到达目的地。

3. 从对方的无理要求中据理力争

有时，当业务谈判陷入僵局时，运用客客气气的商议，平平和和的谅解往往并不一定是唯一解决问题的好办法。如果这种僵局完全是由于对方理屈所致，那么我们就要勇敢地据理力争，从而主动打破僵局。

如果僵局的出现是由于对方提出的不合理要求造成的，特别是在一些原则问题上所表现的蛮横无理时，要作出明确而又坚决的反应。因为这时任何其他替代性方案都将意味着无原则的妥协，且这样做只会助纣为虐，增加对方日后的欲望和要求，而对于我们自身来讲，却要承受难以弥补的损害。因此，要同对方展开必要的争执，让对方自知观点难立，不可无理强争，这样就可能使他们清醒地权衡失与得，作出相应的让步，从而打破僵局。

需要指出的是，当我们面对对手的无理要求和无理指责时，采用一些机智的办法对付，往往比直接正面交锋要有力，因为这同样可以起到针锋相对、据理力争的作用，这也是谈判的艺术所在。

4. 站在对方的角度看问题

谈判双方实现有效沟通的重要方式之一就是要设身处地，从对方的角度来观察问题，这同样是打破僵局的好办法。

当谈判陷入僵局时，如果我们能够做到从对方角度思考问题，或设计引导对方站到我方的立场上来思考问题，就能够多一些彼此之间的理解。这对消除误解与分歧，找到更多的共同点，构筑双方都能接受的方案，有积极的推动作用。

的确，当僵局出现时，首先应审视我们所提的条件是否是合理的，是不是有利于双方合作关系的长期发展，然后再从对方的角度看看他们所提的条件是否有道理。如果善于用对方思考问题的方式进行分析，会获得更多突破僵局的思路。可以肯定地说，站在对方的角度来看问题是很有效的，因为这样一方面可以使自己保持心平气和，可以在谈判中以通情达理的口吻表达我们的观点；另一方面可以从对方的角度提出解决僵局的方案，这些方案有时确实是对方所忽视的，所以一经提出，就会很容易为对方所接受，使谈判顺利地进行下去。

5. 从对方的漏洞中借题发挥

在一些特定的形势下，抓住对方的漏洞，小题大做，会给对方一个措手不及，这对于突破谈判僵局会起到意想不到的效果，这就是所谓的从对方的漏洞中借题发挥。

从对方的漏洞中借题发挥的做法有时被看作是一种无事生非、有伤感情的做法。然而，对于谈判对方某些人的不合作态度或试图恃强欺弱的做法，运用从对方的漏洞中借题发挥的方法作出反击，往往可以有效地使对方有所收敛。相反，不这样做反而会招致对方变本加厉地进攻，从而使我们在谈判中进一步陷入被动局面。事实上，当对方不是故意地在为难我们，而我方又不便直截了当地提出来时，采用这种旁敲侧击的做法，往往可以使对方知错就改，主动合作。

6. 当双方利益差距合理时即可釜底抽薪

谈判陷入僵局时，如果双方的利益差距在合理限度内，即可采用釜底抽薪策略来打破僵局。釜底抽薪同孤注一掷、背水一战相似，是一种有风险的策略。它是指在谈判陷入僵局时有意将合作条件绝对化，并把它放到谈判桌上，明确地表明自己无退路，希望对方能让步，否则情愿接受谈判破裂的结局。

运用釜底抽薪策略解决僵局的前提是：双方利益要求的差距不超过合理限度。只有在这种情况下，对方才有可能忍痛割舍部分期望利益、委曲求全，使谈判继续进行下去。相反，如果双方利益的差距太大，只靠对方单方面的努力与让步根本无法弥补差距时，就不能采用此策略，否则就只能使谈判破裂。

　　需要指出的是，这一策略不可轻易随便地采用，必须在符合上述前提条件时方可运用。但是，当谈判陷入僵局而又实在无计可施时，这一策略往往是最后一个可供选择的策略。在做出这一选择时，我们必须要做好最坏的打算，否则就会显得茫然失措。切忌在毫无准备的条件下盲目滥用这一做法，因为这样只会吓跑对方，结果将是一无所获。另外，在整个谈判过程中，我们应该严格地遵守商业信用和商业道德，不能随意承诺，但一旦承诺就要严格兑现。因此，如果由于运用这一策略而使僵局得以突破，我们就要兑现承诺，与对方签订协议，并在日后的执行中，充分合作，保证洽谈协议的顺利执行。

　　7. 有效的退让也是潇洒的一策

　　对于谈判的任何一方而言，坐到谈判桌上来的目的主要是为了成功，达成协议，而绝没有抱着失败的目的前来谈判的。因此，当谈判陷入僵局时，我们应清醒地认识到：如果促使合作成功所带来的利益要大于坚守原有立场而让谈判破裂所带来的好处，那么有效的退让也是我们应该采取的潇洒的一策。

　　如果是一个成熟的谈判者，这时他应该明智地考虑在某些问题上稍作让步，而在另一些方面去争取更好的条件。比如，在引进设备的谈判中，有些洽谈人员常常会因为价格上存在分歧而使谈判不欢而散，像设备的功能、交货时间、运输条件、付款方式等等问题尚未来得及涉及，就匆匆地退出了谈判。事实上，作为购货的一方，有时完全可以考虑接受稍高的价格，而在购货条件方面，就有更充分的理由向对方提出更多的要求。如，增加相关的功能，缩短交货期限，或在规定的年限内提供免费维修的同时，争取在更长的时间内免费提供易耗品或分期付款等等。这样做比起匆匆而散的做法要经济。

[用心
读他心]

辛格曼·弗洛依德要算是近代最伟大的读心术大师了。一位曾遇到过弗洛依德的人，描述着他倾听别人时的态度："那简直太令我震惊了，我永远都不会忘记他。他的那种特质，我从没有在别人身上看到过，我也从没有见过这么专注的人，有这么敏锐的灵魂洞察和凝视事情的能力。他的眼光是那么谦逊和温和，他的声音低柔，姿势很少。但是他对我的那份专注，他表现出的喜欢我说话的态度——即使我说的不好，还是一样，这些真的是非比寻常。你真的无法想象，别人像这样听你说话所代表的意义是什么。"

如果你要知道如何使别人躲闪你，在背后笑你，甚至轻视你，这里有一个方法：决不要听人家讲三句话以上，不断地谈论你自己。如果你知道别人所说的是什么，就不要等他说完。他不如你聪明，为什么要浪费你的时间倾听他的闲聊？

但这样做的结果，只能是使自己处于不利的地位。

只谈论自己的人，所想到的也只有自己。而"只想到自己的人"，哥伦比亚大学校长尼可拉·斯巴特勒博士说，"是不可救药的未受教育者。""他没有受过教育，"斯巴特勒说，"不论他读过多少年的书。"

因此，如果你想成为一名优秀的谈话家，就请做一个注意读心的人。正如查尔斯·诺山李所说的："要令人觉得有趣，就要对别人感兴趣。"提出别人喜欢回答的问题，鼓励他谈谈他自己和他的成就。请记住，跟你谈话的人，对他自己、他的需求和他的问题，更感兴趣千百倍。他对自己颈部的疖痛，比对非洲的四十次地震更感兴趣。当你下次开始跟别人交谈的时候，别忘了这点。

相信自己，是一种坚守，如天山雪峰上妙丽的雪莲，固守自己的高度；倾听别人意见，是一种智慧，如诸葛孔明七擒孟获的欲擒故纵，智慧的光芒照亮四方。我相信自己，同时，我有一副善于倾听的耳朵。

成功的人，无不是相信自己的人。这是一种自信，一种人生的饱满。相信自己，我有我的原则；相信自己，我有我的判断；相信自己，我的命运由自己主宰，相信自己，不在纷纷流言中乱了阵脚！比尔·盖茨中途放弃了哈佛，毅然退学，不顾身后有多少人说他"昏了头"，因为他相信自己，相信自己会在软件开发上有所成就；武则天，每做出一事便不动摇，不因臣子议论而妥协，因为她相信自己的智慧与果敢，更相信自己的判断！相信自己，不在众人议论下放弃自己的立场，不作随风倒伏的墙头草，"走自己的路，让别人说去吧！"

成功的人，也是善于听从别人意见的人。这是一种智慧，一种人生的大境界。善听别人意见，是虚怀若谷；善听别人意见，是从谏如流；善听别人意见，集众人智慧于一身，照亮人生道路！开启"贞观之治"的唐太宗以善听臣子进谏闻名，在魏征等人面前摆出了一副善于倾听的耳朵，方开启盛世，流传千古；孔圣人，也在骑青牛的老子面前摆出一双善听的耳朵，耐心地听从他的教导，方集得大智慧，流传于千古！

成功的人，是能将相信自己与听从别人意见结合起来的人。相信自己，不意味着顽固，倾听别人意见，也决不是盲从。成功的人，无不是自信果敢，而又谦虚谨慎。"常问路的人不会迷失方向"，这旅人也须将得到的信息经过自己的判断。这两面，稍一偏颇，便酿成大悲剧。那个亡羊补牢的人不是付出代价后才懂得倾听？楚怀王不是因为顽固不化，不听从屈子进谏，才客死他乡？相信自己，又要善于倾听，成功的道路才会平坦无荆棘。

相信自己，我有我的原则，我的背囊中有一件"坚守"的法宝。

善于倾听，我把智慧集中，我的行囊中有一双善倾听的耳朵。

摆出一副善于倾听的耳朵，用心去判断，相信我自己，你看，成功的大门正缓缓开启！

[读心
有门]

为了鼓励别人说出他们的途径，为了说服别人，回到我们期望的轨道上，我们要使用四种有力的倾听工具，这些工具可以使别人在坦率地说出他们的想法时感到很安全。我们将这四种技巧称为有力的倾听工具是因为我们通过缩写AMPP很容易把它们记住——询问（Ask）、映射（Mirror）、复述（Paraphrase）和"抛砖引玉"（Prime，Prime原意为给水泵加水，以使其进入工作状态。此处的意思是你需要先向信息库中加入一些信息，以引出其他人说出对某一问题的看法）。幸运的是，这些工具对于沉默和暴力都是有效的。

1. 通过询问（Ask）使事情回到过去

鼓励别人说出他们的行为产生途径的最简单、最直接的方式就是邀请他们表达自己的想法。例如，要打破一个僵局，你只要试图去理解别人的观点。当我们对这些表现出真正的兴趣时，别人就不大会使用沉默或暴力了，例如："你不喜欢我的新裙子吗？你是不是要叫警察？"苏珊得意地笑着说。

"你是什么意思？"你问，"我想听听你担心的事。"

如果你愿意走出争吵，邀请别人说出发生了什么，那你就向打破循环、找到问题的根源迈出了一大步。

通常的邀请包括：

"发生了什么？"

"我非常想听听你的观点。"

"如果你的观点不同的话，请告诉我。"

"不要担心伤害我的感情。我真的想听听你是怎么想的。"

2. 通过映射（Mirror）证实情感

如果询问别人不能有所进展，映射能帮我们建立更加安全的形势。顾名思义，映射就好像在别人的面前竖起一面镜子——描述他们的样子和行为。当我们使用映射的时候，尽管并不知道他们的故事和事实，但我们可以看到他们的行为，并且得到关于他们情感的暗示。

当别人的语气或动作（情感的暗示）与他或她所说的话不一致时，这个工具尤其有用。例如："别担心，我很好。"（但是这个人说话时的表情说明他实际上非常不安。他皱着眉，到处看着，用脚踢着地。）

"真的吗？从你说话的方式来看，你并不是这样的。"

我们可以解释当对方说一件事的时候，她或他的语气或身体动作却说明另一件事。通过这样做，我们既显示了我们的尊重，又表达了对他或她的关心。

需要注意的是，当我们描述我们看到的情况时，我们要保持平静。如果我们表现得很不安，或者好像不喜欢别人所说的话，那我们就不能建立安全的形势。相反，我们证实了他们的怀疑，他们会继续保持沉默。

映射的例子包括：

"你说你很好，但是从你的语气上来看，你好像很不安。"

"你好像很生我的气。"

"你面对他的时候好像很紧张。你确信你愿意做这件事吗？"

3. 通过复述（Paraphrase）了解故事

询问和映射可能会帮助你得到别人的一部分故事，当你得到了有关别人的感受的一些线索后，你就可以通过复述你所听到的话来建立更加安全的形势。注意，这并不是简单的鹦鹉学舌，而是要把信息用你自己的话说出来——通常是简略的形式。

"让我们看看我是不是理解对了。你感到不安是因为我说了一些关于你的衣服的话。我说它们太过时了。"

和映射一样，复述的关键是保持平静和镇定。我们的目标是建立安全的形势，并不是要吓唬对方，或暗示谈话将变得很困难。要集中注意力，思考一个有理智的、正直的人是如何建立这种行为产生途径的。这样做可以使你不会生气或辩护。复述一下别人所说的话，并且暗示这没有问题，你在试图去理解，他或她直率地讲出来是安全的。

不要逼得太紧。让我们看看自己在做什么。我们可以看出来他或她还有更多的话要说。他或她陷入了沉默或暴力，而我们想知道这是为什么。我们希望回到根源（事实）上，只有这样我们才能解决问题。为了鼓励别人说出真相，我们使用了三种倾听技巧——询问、反映和复述，但是别人仍旧感到不安，还是没有解释他或她的事实或故事。

现在该怎么办呢？这时，我们也许要后退一步。因为在一段时间之后，我们让别人感到安全的手段可能会被别人认为是骚扰，甚至是刺探别人的消息。如果我们逼得太紧了，就破坏了共同目标和尊重。别人可能会认为我们的目标就是从他们那里得到我们想要的东西，并且认为我们并不关心他们。因此，我们要后退一步，不要再试图去寻找别人情感的根源，而是优雅地退出，或者问问他或她希望什么事情发生。询问别人想要什么可以帮助他们把思路转移到解决问题上来，从而远离进攻或回避。这样做也可以帮我们了解他们所认为的问题的原因。

4. 当没有结果时可使用"抛砖引玉"的技巧

另一方面，有时你有可能认为别人愿意开口说话，但是仍旧感到不安全。或者他们仍旧在使用暴力，肾上腺激素的效力还没有消除，并且他们还没有解释为什么会生气。当出现这种情况时，你可能会需要试一试"抛砖引玉"的技巧。在你认为别人仍旧有话要说，并且如果你再努力一下就会说出来的情况下，你可以使用这种技巧。

几年前，我们一位作者曾经和一队领导人物一起工作，他们决定在一个车间中加一个下午班。由于机器没有达到完全的利用，如果让场地空着，不加上3点至午夜的班，公司要承受很大的损失。这当然意味着现在白天工作的工人需要每两周倒换一次夜班。这是一种痛苦但必须的选择。

当公司领导开会宣布这个不受欢迎的决定时，工人们都沉默了。显然他们不高兴，但没有人说话。运营经理担心人们会误解公司的行为，认为这完全是为了赚钱。事实上，这块场地是赔钱的，而这个决定也是考虑了员工的利益的。没有两班倒，他们就没有工作了。他也知道让人们倒班，在下午和晚上远离家人，会给他们造成可怕的负担。

在人们坐在那里生闷气的时候，这位经理尽了最大的努力来让他们说话，从而保证他们不会怀着没有得到化解的问题离开。他使用了映射的技巧："我可以看出来你感到很不安——谁都会这样。有没有我们可以做的事？"没有人说话。最后，他使用了"抛砖引玉"的技巧，就是说，他尽了最大的努力猜测他们在想什么，然后用一种合适的方式把他的猜测说出来，让人们觉得谈论这样的问题是没有关系的。他接着说："你们是不是认为我们这样做的唯一原因就是挣钱，而且我们根本不关心你们的个人生活？"

短暂的停顿之后，有人回答："嗯，当然，看起来就是这样。你知道这会给我们造成多大的麻烦吗？"然后别人也插了进来，讨论就这样开始了。

这种技巧只有在别的技巧都不起作用的时候才能使用。你确实想听取别人的意见，而且关于他们的想法你有很好的猜测。"抛砖引玉"是一种诚恳的做法，我们首先要冒风险，可能会遭到别人的攻击，然后才能重建安全的形势，希望别人能说出他们的想法。

[言外之意
更要读懂]

有个穷人患病，病情渐渐沉重，医生说他没有希望了。病人祷告众神，说如果能病好下床的话，一定设百牛祭，送礼还愿。他妻子正站在旁边，听他这么说，便问道："你从哪儿弄这笔钱来还愿呀？"他回答说："你以为神让我病好下床，是为了向我要这些东西吗？"

这故事是说，实际上不想做的事情，人们倒最容易答应下来，人有时候心口不一。由此看来，察言是很有学问的技巧。人内心的思想，有时会不知不觉在口头上流露出来，因此，与别人交谈时，只要我们留心，就可以从谈话中深知别人的内心世界。这一点，在职场中的人更应该注意，并最好尽快掌握这门学问，如果你想在职场中一片坦途的话。

1、由话题知心理

人们常常将情绪从一个话题里不自觉地呈现出来。话题的种类是形形色色的，如果要明白对方的性格、气质、想法，最容易着手的步骤，就是要观察话题与说话者本身的相关状况，从这里能获得很多的信息。

与中年妇女交谈时，她们的话题多是她们自己，因为她们觉得自己才是她们最大的关心对象。有时也谈论丈夫或孩子，那是她们把丈夫或孩子看成了自己的化身，谈论他们也等于在谈论自己。对于这样的中年妇女，你要作为一个倾听者的形象出现，承认她们是贤惠的妻子、伟大的母亲。

在年轻小伙子的世界里，他们最爱谈论的话题是车子。关于车子的杂志也跟音乐、足球杂志一样畅销。小伙子的话题几乎都涉及与车子的品牌、行程距离、速度等有关的话题，虽然，他们中的大多数人都暂时买不起车。其实，他们那么热衷于车的话题，无非在表示自己将来有能力购车，或者是自己对这些懂得很多，这也是一种时髦的话题罢了，无非是显示自己。因此，你要聚精会神地听他们侃车，最好不要摆出讨厌或不耐烦的脸孔，你的耐心就可以满足他们的虚荣心。

2、措词的习惯流露出"秘密"

语言表明出身，语言除了社会的、阶层的或地理上的差别外，还有因个人的水平而出现差别的心理性的措辞。人的种种曲折的深层心理就会不知不觉地反映在自我表现的手段——措辞上。即使同自己想表现的自我形象无关，通过分析措辞常常就可以大体上看出这个人的真实形象，在这种意义上，正是本人没意识到的措辞的特征比词语的内容远为雄辩地告诉我们其人自身。

使用第一人称单数的人，独立心和自主性强，常用复数的人多见于缺乏个性，埋没于集体中，随声附和型的人。

人们总是认为是在用自己的话说话，写文章。实际上无意中在借用别人的话，有自我扩大欲，反过来探寻这一点，就能窥见其人的内心深处。例如，对说话者是使用难懂的词和外语的人多会感到困惑，其实，这种人多是将词语作为掩饰自己内心弱点的盾牌。择业时，充分显示自己的才能是必要的，但若过分矫饰，反而画蛇添足，让别人如坠云雾的效果是最不利的。这种情形常常不过是反证了对自己的智能的自卑意识，将词语作为盾牌，掩饰自己的自卑感。

3、说话方式才能反映真实想法

通常，一个人的感情或意见，都在说话方式里表现得清清楚楚，只要仔细揣摩，即使是弦外之音也能从说话的帘幕下逐渐透露出来。

（1）说话快慢是看破深层心理的重要关键。

如果对于某人心怀不满，或者持有敌意态度时，许多人的说话速度都变得迟缓，而且稍有木有的感觉。如果有愧于心或者说谎时，说话的速度自然就会快起来。

假如说有一个男人每天下班都按时回家，而这一天他下班后却留在办公室与同事打扑克，回到家时，他就马上跟老婆说他加班了，而且还要诅咒现在为什么有这么多的活儿干不完等等之类的话。他的说话语调也一定会比平常快，这样，他可以解除内心潜在的不安。

遇到男人这样时，做老婆的一定要慎重，什么事一旦有了开头，就会有下次，不可掉以轻心。

（2）从音调的抑扬顿挫中看破对方心理。

上述的那位"加班"的男人，当他回到家时，他说话的语调不仅快，而且慷慨激昂，好象今天的"加班"的确让他很反感——他是很不愿意"加班"的。

当两个人意见相左时，一个人提高说话的音调，即表示他想压倒对方。

对于那种心怀企图的人，他说话时就一定会有意地抑扬顿挫，制造一种与众不同的感觉，有一种吸引别人注意力的欲望，自我显示欲隐隐约约地透露出来了。

（3）由读心方式看破对方心理。

构成谈话的前提包括了两种不同立场的存在者，即说话者与读心者。我们可以根据对方对自己说话后的各种反应，来突破对方的深层心理。

如果一个人很认真地读心，他大致会正襟危坐，视线也一直瞪着对方。反之，他的视线必然会散乱，身体也可能在倾斜或乱动，这是他心情厌烦的表现。

有些人仔细倾听对方的每一句话，等到讲述者快说完时，他也会透露自己的心声，由此看来，这位倾听者完全依靠坚强的耐心，再配合一股好奇心，才能最终突破讲话者的秘密。

如果你想套知某人某方面的消息，你就会和他从一个平常的话题切入，然后认真倾听、提问、倾听……一步步达到自己的目的，对方在高兴之余，也忘了提防，相反还会认为你是一个很好的倾听者，善解人意呢。

适当维护他人的虚荣之心

在钢铁大王弗兰克的事业刚刚起步时，他之所以能克服重重阻碍，取得事业的成功，就是因为他非常善于去分析他人，了解同事、客户、竞争对手的性格特点。

弗兰克30岁之前，给自己定的目标就是成为百万富翁。但在刚开始的时候，他为了生计而在一家乡村小店的柜台上整整站了两年。之后，他去麦克仑姆和卡莱尔大商场里做销售人员，每周拿8美元的报酬。当时，商场里有20名销售人员，为了创造更好的销售业绩，每个人都在夜以继日地工作着。

从工作的时间来看，弗兰克在他们之中排在倒数第一。然而，过了一段时间，他的业绩后来居上，这件事的确让人感到惊讶。更让人感到意外的是，他能和那些销售业绩不如他的人建立起非常深厚的友谊。

当时，有一位推销员名叫柏莱尔，他是弗兰克最为强悍的对手。许多人都很欣赏柏莱尔，长期以来，他不但被誉为推销员中的佼佼者，而且还拥有"为高级顾客服务的权利"。这是其他所有的推销员主动让出的特权。

柏莱尔的特权就是弗兰克所要攻陷的堡垒。然而，他既想夺权，又不想引发别人的厌恶。他只用了一个方法就达到了自己的目的：他用一种非常独特的办法来对付柏莱尔和其他推销员。弗兰克仔细分析了柏莱尔，感觉他是一个爱慕虚荣的人，是一个非常骄傲的人。弗兰克由此可以判断出来，柏莱尔肯定是想让更多的人清楚他的才能。

针对这一特点，弗兰克经常向别人夸赞柏莱尔的才能，并且对他表现出由衷的敬佩和欣赏。虽然柏莱尔也常常会因为弗兰克的成功而感到苦恼、难过，有时候心里也觉得非常不舒服，可是，因为弗兰克能够理解柏莱尔，还通过一些适当的手段安慰他，没过多久，柏莱尔就非常喜欢他了，并且把弗兰克视为最好的朋友。

在这个案例中，我们能够看到，一个处事圆滑的人是怎样对待人际关系的。如果他冒昧地去和柏莱尔相争，结果又会是怎样的呢？爱慕虚荣的人往往热衷于暂时的荣耀。他们昂首挺胸、装模作样，只不过是想表现自己而已。只要我们能适当维护他那颗"高贵"的虚荣心，就算牺牲一些东西，他也会非常甘心的。他爱护自己的面子，害怕自己没有别人强大，别人的恭维，他无法抗拒。所以，柏莱尔才会毫无保留地接受弗兰克。

我们知道，至少有一些人是和这位推销员是同一类型的。他们总会有一种自卑心理，努力用假装出来的高傲来掩盖自己的自卑，用这样的方法来保持自己的神秘性。一般情况下，这种人表面看起来非常自信。说起话来滔滔不绝、诙谐幽默，给人留下不错的印象。对待这种类型的人，你不能不给他留面子，而应表扬他，赞美他。赞美他是一件非常危险的事，因为你越仰慕他，他就摔得越惨。

人脉树够大，
乘荫才更好

10

生活中，

我们需要朋友。

多认识一个朋友就会多一条路，

在你陷入困境的时候，

往往是你的朋友才会帮助你；

失去了朋友，

你往往就会陷入孤立无援的境地。

朋友，是你一辈子的财富，

是在你需要帮助的时刻能够拉你一把的人脉大树。

你的善举
是你人脉的根基

生活中，我们需要朋友。多认识一个朋友就会多一条路，在你陷入困境的时候，往往是你的朋友才会帮助你；失去了朋友，你往往就会陷入孤立无援的境地。朋友，是你一辈子的财富，是在你需要帮助的时刻能够拉你一把的人脉大树。

朋友，在某些程度上往往反映的就是你自己。

有一个关于维克多连锁店的故事。

维克多从父亲的手中继承了一家商店，这是一家具有悠久历史的食品店，在很长时间以前就已经非常有名气了。维克多希望它在自己的手中能够得到更好的发展。

有一天傍晚，维克多在整理店面，第二天他计划和妻子一起出去休假。他打算提前关门，以便为第二天的度假做准备。突然，他看到店门外站着一个年龄看起来不是很大的人，面容枯槁、衣服破旧、双眼深陷，是一个非常典型的流浪者。

维克多是个非常善良的人。他犹豫了一下走了出去，对那个年轻人讲："年轻人，我能帮助你什么忙吗？

年轻人略带羞涩地问道："这儿是维克多食品店吗？"他说话的口音带着非常重的墨西哥味。"是的。"

年轻人显得更加腼腆了，他低着头，用非常细小的声音说道："我是从墨西哥来寻找工作的，可是一连两个多月了，我还是没能找到一份适合我自己的工作。我父亲过去也来过美国，他告诉我他来过你的店里，并且当时在你的店里买过东西，喏，就是这顶帽子。"

维克多看见年轻人的头上果然戴着一顶非常破旧的帽子，那个已经被污渍弄得几乎认不出的"V"字形符号正是他店里的标志。"我现在没有回家的钱了，也很长时间没有吃过一顿饱餐了。我想……"年轻人继续说道。

维克多明白了，眼前站着的人只是很长时间以前一个顾客的儿子，然而，他觉得应该帮助这个年轻人，在他还力所能及的时候。所以，他邀请小伙子进入店内，非常周到地款待了他，并且还给了他一笔盘缠，让他回家。

没过不久，维克多便忘掉了这件事情。过了很长的一段时间，维克多的食品店做得越来越大，在美国已经开了不少分店，他打算向海外扩展，但是因为他在海外缺乏根基，要想从头开始也是非常困难的。为此维克多一直非常犹豫。

恰巧在这时，他忽然收到从墨西哥邮来的一封陌生人的信，原来正是那么许多年前他曾经救助过的年轻人。

此时那个年轻人已经成了墨西哥一家大公司的董事长，他在信中邀请维克多来墨西哥和他共同发展事业。这对于维克多来说真是意外的惊喜，有了那位年轻人的相助，维克多很快在墨西哥开了他的连锁分店，并且发展得非常迅速。

再来看看下面这个故事。

杰克·伦敦的童年是充满不幸的。在他十四岁那年，他借别人的钱买了一条小船，开始偷捕牡蛎。然而，没过多长时间就被水上巡逻队抓住，被勒令去做劳工。杰克·伦敦逮了个机会逃了出来，从那时开始便走上了流浪水手的道路。

两年之后，杰克·伦敦随着姐夫一同来到阿拉斯加，他们成为了千千万万个淘金者当中的一员。在淘金者中，他认识了非常多的朋友。他这些朋友中形形色色什么都有，而大多数是美国的贫困人民，虽然生活非常艰苦，但是在他们的一言一行中充满了对生活的热情。

在这些众多的朋友中有一位叫坎里南的中年人，他来自东部的芝加哥，他的心路历程可以写成一部厚厚的书。杰克·伦敦听他的故事的时候经常被感动得潸然泪下，而这更加坚定了杰克·伦敦心中的一个信念：开始写作，反映淘金者的生活。

得到了坎里南提供的素材，杰克·伦敦利用业余的时间看书、学习。1899年，23岁的杰克·伦敦出版了人生当中的第一部书《给猎人》，接着又出版了他的小说集《狼之子》。这些作品都是描写淘金者的辛酸生活的，因为这样，他赢得了不少中下层人士的热爱，杰克·伦敦逐渐因此走上了成功，他的畅销书给他带来了巨额的财富。

起初，杰克·伦敦并没有抛弃与他患难与共的淘金工人们，正是他们的生活给了他写作的灵感与材料。他常常去拜访他的穷朋友们，一起聊天，一起喝酒，一起回忆过去的岁月。

然而后来，因为杰克·伦敦的钱积累得越来越多，他也越来越看重自己的钱财。他甚至公开表明他只是为了赚钱才写作。他开始过起挥金如土的生活。与此同时，他也逐渐淡忘了那些穷朋友们。

有一次，坎里南来芝加哥探望杰克·伦敦，可杰克·伦敦只是忙于应酬形形色色的聚会、酒宴和修建他的豪华住所，对坎里南漠不关心，一个星期中坎里南只见了他两面。

坎里南头也不回地离开了他。同时，杰克·伦敦的淘金朋友们也逐渐远离了他。

缺少了朋友，缺少了写作的源泉，杰克·伦敦的写作素材也慢慢开始匮乏，他再也写不出一部像以前那样的著作了。于是，1916年11月22日，处于极度焦虑状态中的杰克·伦敦，在自己的公寓里用一把左轮手枪结束了自己年轻的生命。

从以上两个事例中可以看出，我们在日常的生活工作和学习中，自己在不经意间帮助了别人，别人有可能就会心怀感激。在我们遇到困难的时候，别人也会伸出手来帮助我们。只要我们真诚，发自内心地帮助别人，那么我们的人脉资源就会在潜移默化中逐渐丰富。

[同乡之人，
人脉更紧]

当今社会人口的流动性非常大，不少人离开自己的家乡，到外地去谋求生存。身处异地，拓展人脉资源有相当大的难度，那就先从老乡关系入手，打开目前的局面。

"富贵不还乡，如衣绵夜行"。项羽在占领咸阳后，阿房宫付之一炬，然后回到他的老家，有人劝他在关中称王，他便非常坚定地说了上面这句话，被人认为是"楚人沐猴而冠"。

富贵了，就是要让故乡的人都知道。这种炫耀乡里的心理，在一定程度上表现出的是无大志无见识，但是在这个浅薄之中，还是能显出对故乡的眷恋的。

中国人有着非常强烈的乡土情结，其表现之一就是对自己的老乡有一种天生的热情，特别是到外地求学或谋生之时，这种同乡之间的感情就会愈发强烈。

在大学里往往能够见到有某地学生组织带有同乡会性质的"联谊会"，有人觉得这些人思想落后；后来发现有的教师也会参与其中，更让人感到不能理解。但日后的事实表明，他们那"抱成团"的原则的确给大多数同乡带来了方便，为大家解决了非常多的困难。再后来，这种老乡会性质的团体几乎到处都有。它的形式虽然不一定正规，但"亲不亲，故乡人"，这种同乡的观念，具有一定的向心力，它在"对外"上能够保持一致。对内互相体贴，互相帮助，共同克服困难和抵御外来的威胁。

如果乡土观念太重，同乡关系也会出现过火的时候。

阎锡山的家乡是山西五台，当时山西就流行一句话："会说五台话，就把洋刀挂"；韩德勤是江苏洋河人，他在江苏省当主席时，那里的百姓则说："会说洋河话，就把洋刀挂"。

阎锡山器重五台同乡，山西省政府的很多要职都被五台人所占据。陈炯明是广东海丰人，他做了广东都督后，特别重用海丰人，省政府从内到处听到的都是海丰话。孔祥熙是山西人，在他的金融系统里面用的全是山西人，理由则是"只有山西人会理财"……

蒋介石是浙江奉化人，他倒并不在意别人讽刺他重用奉化人。他的侍卫长大多都是奉化人，如俞济时、蒋孝先等；而侍卫官则全部都是是奉化人，因为在他看来，奉化人是最值得相信的；他的秘书里面，有9任是奉化人，是不是只有奉化人的文笔最出色，可能连他自己也不这样认为，但是奉化同乡值得信任；奉化并不出武夫，也不是国民革命的核心地区，但国民党军界里，有55位将军出自奉化（其中中将以上20人），这种"人杰地灵"，与蒋介石的提携具有很大关系。

在一个地区中出过一个权贵人物，往往就会产生连锁效应而带出一群人。到了近代，这个现象表现的特别明显。大批的同乡被委以要职，形成一定的势力范围之后，这个地方自然要被认为是"人杰地灵"。

中国社会的进步程度，往往束缚着用人制度，影响着用人的习惯。既然"人治"的痕迹一时还改变不了，任用人才还是得靠少数人举荐的形式，那么为了保证办事效率，保证意见不至于产生比较大的分歧，一句话，保证权力不被其他势力所影响，任用同乡就成为非常有必要的事。只不过这种做法导致的最终结果，是给时代留下"乡党政治"的思想落后的沉重的烙印。

某人有一天问起一位干部的籍贯，想不到问一答百，引出他一番引以为豪的陈词，他洋洋自得，滔滔不绝：某书记是我们县的，某副省长是我们县的，某厅厅长、某市市长、某局局长……都是我们县人！一口气数出百十个。

我们不是探讨这种"乡党政治"的种种弊端，也不想对借同乡观念拉帮结派的行为深恶痛绝。引用上面的例子只是想警醒大家：既然同乡观念在人们头脑中已经很难改变，足以左右了一个人的思想观念和对待人脉资源的态度，那么我们在现实的交往活动中就不能忽视它。最起码可以为你在需要帮助的时候提供一条"跑关系"的线索。对于同乡关系，只要不从事犯法的事，没有到"结党营私"的地步则完全是能够充分利用的。

亲属之间，往来于情

亲戚之间大部分都有血缘关系，这种特殊的关系决定了彼此之间的不同于常人之间的亲密性，这是我们人脉资源中的重要的一个方面。当人们在遭受到困难的时候，往往首先想到的就是寻求来自亲人的帮助。常言道，不是一家人，不进一家门。作为亲戚，对方也大都会非常乐意向你伸出救援之手。

必须值得注意的是，亲戚关系同时又是一种相当复杂的关系，主要表现在亲戚之间存在着非常多的差异，比方说经济的、地位的、地域的、性格的等等。这些差异既能够成为彼此交往的缘由，也可能成为矛盾滋生的原因。

所以，和其他关系一样，亲戚关系在交往中也具有一定的规律，如果按照这些规律办事，彼此的关系就会变得越来越和睦，反之，违反了这些规律，亲戚之间也是会相互得罪产生矛盾的。

那么，亲戚之间在相互交往，相互帮助中应注意哪些问题，才能使彼此关系相处的更加和睦，关系更牢固呢？

1. 经济往来要清楚，不要弄成一笔双方都不清楚的糊涂账

在寻求帮助的过程中，为了某些经济利益问题而和别人发生争执，在亲戚之间是非常常见的。比如亲戚之间的财物往来是常见的事。有时是为了应急，有时是提供帮助，有的就是免费赠送，视情况而定，但这些都能体现出亲戚之间的特殊关系，用这种方式来表达自己心意和特殊感情。

作为拿到好处的一方，在道义上对亲戚的馈赠行为应该给予由衷的感谢和赞扬。但是如果他们把这种支持和帮助看成是理所应当的话，而且没有一点表示，对方心理就会感到不痛快，进而影响相互之间的关系。

另一方面，对于那些需要在适当时间归还的钱物，同样是不能马虎的。这是因为亲戚之间每个人都有各自的利益，一般情况下应把感情与财物区分开来，不

能混在一起。只要不是对方公开说明赠送的，所借的钱物都要及时归还。有的人没有注意到这个问题，他们觉得亲戚的钱物该用就用，对方是不会介意的。如果等到亲戚将这些话提出来时，那对于双方就不好看了。

对于来自亲戚的帮助应该给以适当的回报，这既是巩固友谊的需要，也是表达对对方帮忙的谢意。如果缺少了这种回报，在一定程度上同样会得罪人。

总之，对于亲戚之间的钱物往来，既可能成为维持感情的因素，也可能成为引发矛盾的根本，就看你如何看待了。

2. 不要让人勉强接受

亲戚之间虽有辈分的差异，但是，也应当互相尊重，用平等的心来对待彼此。特别是当彼此之间存在着地位、职务的差异的情况下，就更应当如此。

古语说的好："穷在闹市无人问，富在深山有远亲"。这意思就是，就亲戚而言，有钱的、地位高高在上的人对于在这些方面比不上他们的亲戚是非常有吸引力的。地位低的人总是幻想能够从地位高的一方那里得到一些帮助，同时在他们说出自己的需要时，内心仍怀有极强的自尊心。

在这样的形势下，如果地位高的一方对于来寻求帮助的亲戚表示出厌恶的态度，那就非常容易伤害双方的感情。

一般说来，地位低的人对于被看不起是非常敏感的，只要对方表现出哪怕是一点点的情绪，都会让他们计较、不满，造成不好的结局。

还存在另一种情况，就是有些人求亲戚帮忙，特别是对于一些违反原则甚至法律的事，人家爱莫能助就心怀不满，说人家不重视感情之类的话，这难免会非常让人伤心的。

在地位具有差异的亲戚之间，最大的矛盾出现在在求与被求之间，是在不能帮助到对方的情况下发生的，所以，如果碰到这些问题，一方应注意最大限度满足对方的需要，另一方也应该考虑到对方的难处，尽量不要让人家为难，即使因为某些原因不能达到自己的目的，也应给以理解，不能斤斤计较。

3. 切忌一厢情愿，太过自由

亲戚之间因为彼此之间的关系有远近之分，在密切程度上也会有一定的差别，所以，在相处中要注意把握自己的分寸。

"亲戚越走越亲"，是非常必要的原则。最主要的是，看你怎么走。这里面也包含着非常多的技巧的。

过去走亲戚可以在亲戚家住上很长的时间，现在就有诸多不便。大家都有各自的工作，都有自己的爱好和生活习惯，住的时间太长的话，很多矛盾就会自然而然地暴露出来。

还有的人到亲戚家做客根本不会约束自己，而是直来直去，这就给主人带来很大的麻烦，也很容易造成彼此间的矛盾。

比方说，有的人习惯于睡懒觉，每天都要到八九点钟才起床，他们到亲戚家也不知收敛自己的缺点。主人既得照顾好他，同时又要上班，时间一长就会打乱主人平时的工作和生活的习惯，进而恶化彼此的关系。

还有的人不喜欢讲卫生，到了亲戚那里，把刚抽完的烟头随地一扔。如果时间短暂的话，人家还可能有点克制，要是日子一长的话，矛盾很自然就会暴露出来。

所以，在亲戚交往中也存在一个收敛自己的为人处世方面的问题，如果方式不恰当的话同样会得罪人。

同窗是很珍贵的人脉资源

谁没有几位同窗好友？说不定你的一言一行还深深印在他们的记忆中。千万不要浪费这么珍贵的人脉资源，要改变自己的处境，那就从现在开始，你就要尽自己最大的努力去开发、建设和使用这种人脉。

毛泽东的一首词中说："恰同学少年，风华正茂，书生意气，挥斥方遒。"

同窗之间的关系是非常纯洁的，有非常大的可能发展为更为长久、牢固的友谊。因为同处学生时代，人们年纪都不是很大，每个人都很单纯，相互之间都比较热情，对人生对未来都充满幻想，而年少时的理想往往是同学们追求的同一个目标。曾几何时，几个人围在一起争执不休，每个人的内心世界都毫无保留地暴露在别人面前。加之同学之间相处的时间很长，彼此间对对方的性格、脾气、爱好、兴趣等等能够具有非常深入的了解。所以，在同学中最容易找到志趣相投的朋友。

现在，具体来讲讲在同学中如何寻找和建立朋友关系的做法，通过下列两种方法来加以说明。

其一，虽然彼此从事的行业和领域不同，但都可以把目光放在当前的状况上。原则上，只要都具有进取心、且具有积极态度的人即可。即使对方在求学时期与你关系平淡亦无妨，你必须主动寻找与其交往的机会。如果你能够找到凡事都能热心帮助或者倾诉的对象，就更容易与其建立更深层次的良好关系了。

其二，在运用上一种方法的时候，同时也可采用另一种方法，来扩大自己交往的范围。这个方法是通过同学录上的工作范围来加以取舍，有选择地进行交往。

如果，你在学生时期不是很引人注意的话，想必交往的范围也非常有限。但是，现在你已没有必要受限于昔日的经历，而使自己的念头变得消沉。因为，每个人在接触社会之后，所接受的历练都是不相同的，绝大多数的人都会接受重新的洗礼，而变得相当重视人脉资源的作用，因此即便是与完全陌生的人来往，通常也能友好相处。由于这样的缘故，再加上曾经拥有的同学基础，你可以完全重新建立自己的人脉资源。换而言之，要冲破学生时期的自己，要以现在的身份和别人交往。

此外，不论本身所从事的行业领域怎么样，应与最容易接近的同学（初中、高中、大学等）建立关系。然后，从这里扩大自己的人脉资源。不妨多利用同学身边存在的人脉资源，来为自己的成功找到铺垫。

同窗之间的关系，是人生中最亲近的关系之一，也是你人生中最为关键的人脉关系之一。如果能够好好运用，往往能够起到意想不到的作用。

处理好与上司的关系，发展才更好

上司，不管是职权还是地位都在你的上面，如果现代人在自己的工作生活中能够与上司处好关系，必能为以后自己的发展打下良好的基础，从而有利于自己以后事业的成功。

怎样才能够处理好与上司之间的关系？

汪中求先生在《营销人的自我营销》一书中提出的方法非常好；即把老板当作排在第一的客户。有了这样的心态，你就会明白怎样去赢得上司的器重、如何去应对上司的责备了。

要与上司处好关系，还应该借鉴以下几种方法：

1. 自己既要卖力工作，还要能够得到上司赏识

公司里的潜规则：功劳第一

正确的方法是应该将上司当成你生命中的贵人，是你的第一领导，你应当敬重他，使他对你有一个好的印象。不管是上司的公事还是私事，你都应当密切关注，努力去完成好自己分内的事情，这样，你才能处理好与上司之间的关系，从而达到自己的目的。

2. 与上司相处最关键的是尊重领导者的职权

在他还没拿定主意之前，有什么意见和建议就要和盘托出；一旦他已作出决定，你就不要再和他争执。记住，你看见的仅仅是其中的一个方面，他的出发点却是全局。你做的事，他必须全程负责。不要认为自己比上司高明，作为领导的下属，服从领导是一种责任，也是一种义务。

3. 公事公办

不管是什么事情，严肃也好，自由也罢，让上司去抉择。不要害怕他，不要看到他就没有主见，或把他当作神圣人物来崇拜。有些人在领导面前不知所云，

战战兢兢，甚至有些时候都说不出话，这些人领导是绝对不会器重的，他也不可能与你建立良好的关系。

4. 不卑不亢是基本的态度

别想法设法讨好上司，更不要用告密来换取上司的欢心。但是适度的赞赏未尝不可，当上司有不错的方法和主意时，可以向他表达你的仰慕之情。其实有主见的上司最不喜欢的是溜须拍马的人，因此，过度的吹捧，往往会收到相反的效果。

5. 最得上司喜欢和赞赏的还是工作时候的表现

你工作业绩突出，他也有一份功劳在里面，你与上司关系处得越不错，工作就越有热情；你帮他处理好事情，自己前途也会一片光明。

6. 对上司应坦诚

如果在业务上存在多个上司的话，你必须了解谁才是你真正的主管，应将向他请示相关的业务问题，从而获得他的信任与器重。其他上司布置的事情，在不发生冲突的前提下，也应尽力去完成；如果与上司的指示直接发生冲突，你应委婉拒绝，获得它的谅解，切忌在两位上司之间左右摇摆，否则，你会里外不是人。

7. 不能伤害上司的自尊心

比方说，不要跨越上司去汇报工作，不可当众涉及上司的隐私。当官的都是需要面子的人，他就是靠面子维护他在外人面前的形象的，没有了面子，他就会失去形象，从而失去了自己的尊严。

8. 在上司面前，要常常称赞别人的才干，从而来融洽上下级关系

一个聪明的领导，不喜欢别人在他面前说别人的是非，他会觉得"来说是非者，便是是非人"。这对一个成功的领导来说是非常重要的，你必须学会常常夸赞别人，而不说人的短处，因为一旦说别人的是非，你就会使自己陷入不利的处境，领导不看重你，这种话如果传出去，被说的人就会疏远你，甚至有时候会报复你。

9. 不要总是汇报你的困难

不要经常地向上司汇报自己工作中遇到的困难，如果要说困难，尽量把解决的办法也一同提出来供上司考虑。否则，会使他看轻你的办事能力。

10. 有事尽量自己解决

不要经常打搅上司，小事不需要每件都请示，有些事情等到出现一个比较圆满的结果时再报告给上司。这样能够巩固上司对你的良好印象。

11. 要使上司明白情况

这一点是非常重要的。上司要定规划，做决定，千万不要对上级隐瞒情况，不管消息是好还是坏，都要及时进行汇报。

12. 遵守公司制度

即使上司对你非常信任，也应遵守公司的规章制度，不能由着自己的性子来。否则，就会侵犯上司的职权或抢夺同事的劳动果实。

如果你能按照以上方法来执行的话，在工作中你就很可能会取得成功。

如果你能这样做，上司就肯定会器重你，会把你当作一个人才来储备，就会主动和你结交，你会成为上司身边最亲信的人，最后你将担当大任。

与上司保持一个良好的关系，也就是为你的前途做好铺垫，是你人生成功的开始。

对待下属要真诚

　　与下属相处是领导人应当认真学习的一门非常重要的学问，世上有非常多的指挥下属的方法，但这其中最关键的还是讲一个"诚"字。作为领导，如果你充满诚心，也就能够把一份诚意传递给别人。这样就能将整个团队紧密联系在一起，让你的每一个员工都为你工作，使你的工作能短时间高质量地完成。

　　要与下属保持一个融洽的关系，要注意以下原则：

　　1. 尽量记住每一个部下的名字

　　对于下属而言，领导能喊出自己的名字，那是非常大的荣幸，对他的自身而言，是一个非常有力的激励，他会给你报以最大的忠诚。熟记下属的名字是激励下属的最重要的方法之一。

　　2. 尽量不要伤害对方的自尊心

　　在组织里面，下属作为地位比较弱的一方，自尊心会比较容易受到伤害。领导在和下属相处的时候，即使对方犯了错误，也要注意自己的言辞，避免损伤对方的自尊心。批评的时候要考虑时间、地点、环境和场合，更不能让自己的下属在别人面前丢脸。

　　3. 尽可能地表扬和赞美下属

　　下属需要表扬，会当领导的人要尽量在公众场合来表扬自己的下属。鼓励他们作出更高的成绩，使他们感觉到只有做出成绩，领导才能看见，并会予以奖励，这样的话，你的下属就会对工作充满热情，更加卖力地为你工作。

　　4. 尽可能满足他们的需要

　　真正想使下属真心真意地为你效劳，你就得经常深入员工当中，及时了解下属的生活情况，了解他们的内心需要，关怀他们，帮助他们，特别是他们陷入困境的时候，你的关心和帮助会使他们对你感激并甘心为你效劳。

5. 把有较强自我意识的人作为你领导的目标

自我意识比较强的人对别人的话不会轻易相信，作为公司的领导，要想在下属面前真正树立起自己的形象，首先就得做好这种人的工作，使这些人对你相信，你就会事半功倍，因为一旦这些人站在你这一边的话，其他人就会跟你走。

6. 喜欢参与集体活动

作为领导，不要觉得自己比别人优越，把自己与下属区别开来，在团队举行的活动中，如果你不能玩，不会和大家一起谈天说地，那么你就不能收到下属的尊敬。经常和下属一起沟通交流，既能增进彼此的友谊，又能使自己身心得到放松和快乐，还能缩短与下属之间的距离，与大伙融为一体。

7. 和职员一起同甘共苦

作为领导，在遇到风险时，首先要同自己的员工站在一起，和他们同风雨，共患难，这样才能赢得他们的支持。

8. 在公司范围内努力去理解每个人的想法

理解公司的每一个员工，这是当领导要维持公司的前提。每个人的每一个需求都关系着公司的工作能否顺利展开。根据需求的不同，合理的安排员工的工作，才能收到预期甚至是比预期更好的工作效果。

9. 对下属要有一种亲切感，不要考虑他们在公司中的职务高低

公司的工作职位有高低之分，但人和人之间都是平等的。所以，不论你是什么样的领导，你对待公司里的每一位员工都应该一视同仁，不能因为职位的区别而对人的态度就不一样。平易近人才能使你树立起自己良好的形象。

10. 努力展现你的真诚、正直和自己的人情味，而不是仅仅放在自己的口头上

领导应该具有一定的真诚、正直、人情味，这些不能光表现在自己的口头上，而应该是用自己的实际行动来体现的，或者是实际利益上来出发的，比如，一位职员陷入困境，领导就不能仅仅在口头上表示同情，而应该体现在行动上，这样才能赢得下属的支持。

11. 只采用很少的技巧，而且切忌太过分

领导艺术是形形色色的，对待不同的事情要采取不同的技巧。为了避免事情的复杂化，在处理某一件事时，不应该使用过多的技巧，否则就把事情搞得非常难以解决。

12. 讲究民主

周围每一个人，而不单单是把某个人或人群作为目标。领导是面对公司的全体职员的，应该以全体员工的意见为准，讲究民主就是要最大程度集思广益，切忌将某些人的意见凌驾于全体之上。领导代表着全体员工的利益，而非代表某些人的利益。因此，广开言路，才能让大家更好的工作。

13. 学会与下属相处

在与下属相处时，要做到自然，不要让人看到你是故意为之，如果下属知道的话，就会对你产生警惕心理，你就不可能同下属建立良好的关系。

另外要说明的是，应该器重那些服从指挥的好人。假如你在工作进行时遇到的对象是好人，他们听你的话，对于你的要求从来都能满足，那么千万不要亏待他们。

在一个寒冷的傍晚，纽约的一条清冷的道路鲜有车辆来往。这时大街中心的地下管道洞内钻出一位神采奕奕的人来。路旁的一位市民十分狐疑，他上前想一探究竟，一看却非常意外——竟是著名人士福拉多！

原来地下管道内有两名接线工在进行施工，福拉多下去特意表示慰问。

福拉多被戏称为十万人的好友，他和他的同事、下属、顾客甚至是竞争对手都保持着非常不错的关系，这位极富人情味的商业巨子，事业非常辉煌。

作为领导只有真心实意地替下属着想，体贴下属，爱护下属，才会最终赢得下属的支持和尊敬。

体贴自己的员工，在必要的时候能够深入到自己的员工中间，和员工进行必要的交流。这是赢得员工支持的最重要的方法。

想要和谐，请多沟通

在企业的管理中，管理者与被管理者都是真实存在的人，人与人之间想要达到和谐工作，首先必须相互进行沟通，尤其是对于企业内上下级之间的人来说，沟通更是必不可少的。

首先，信息掌握的不均衡性使得上下级人员之间需要进行有效的沟通。上级总会比下级更多地掌握着企业更多方面的信息，而在具体问题的处理上面，则显然是具体执行这项工作的下级人员更有话语权。

其次，每个员工都有自己的想法和个人工作习惯，不可能在工作中每时每刻都保持理智，在这样的情况下，上级找下级聊聊天，显然比直接的责罚更有作用。

最后，一个高效率的企业，内部人员保持关系的和谐是非常关键的，虽不至于要求企业内部上下级的员工都情同手足，但也不应该除了工作关系之外就成为彼此不认识的陌生人。

每一个成功的企业管理者都应当加强同员工之间的沟通。

国外某企业领导人海德曼，一天在书上读到一篇关于沟通夫妇感情的文章。文章说，有些夫妇喜欢闹矛盾，往往是没有沟通的原因，把那些夫妇集合在一起，让他们道出自己的不满和对方存在的缺点，旁听的听众进行评价，这样来使他们的感情得到交流，问题就会得到圆满的解决。海德曼因此而受到启发，认为企业内部也应当开一些与此类似的"沟通会议"。他发明了一种"冷静沟通"会议，每个月让那些有争执的部门领导们聚集到一起，讲出彼此工作中存在的问题，并能找到解决问题的方法。在沟通会上，经理们可以毫无顾忌地讨论一些比较具体的问题，并由其他人来加以评议。

一位参与沟通会的人说："这样的会议让我感觉到，我之前确实有不喜欢听别人意见的毛病，以后我一定会认真听取别人的意见。"

另一个人在参加完沟通会后说："我以后要注意与其他领导之间的沟通，我觉得现在自己心情非常好并对自己的工作充满信心。"

一位心理学专家在海德曼组织的这种沟通会议上总结说："尽管我们生活在一个需要用语言来表达思想、进行交流的社会，但是人们却不喜欢这样做。这样的沟通模式，虽然谈不上是什么创造发明，但是它能够给我们一些启发，说明人与人之间的确需要沟通，同时也传授了我们一些沟通的技巧。"

企业的领导者，有的手下有几万人、十几万人，有的手下有几百人、几千人，最少的也有几十人。他们经常会和自己的下级、自己的员工打交道，需要接触别人。所以学会和下属进行沟通，也让下属之间相互沟通，对于你事业的成功有非常大的帮助。

给他人一些表现的机会

员工的工作能力到底有多强，是每个企业家都希望了解的事情。但是，这个问题并不应该让员工来回答，因为员工身上到底有多大的潜能，也许连他们自己也不清楚。

员工们工作能力的强弱，除了决定于他们的天赋和工作热情外，最主要的因素还是决定于企业的管理方式。过去，某些国有企业员工没有很强的工作积极性，但是在企业制度转换或管理加强之后，员工们的工作能力好像一下子提高不少，起初要两三个人才能完成的活现在一个人也能完成了。

也许，真正的企业管理并没有从技术上提高员工的工作能力，而只是最大程度激发他们的工作潜能，而这些正是企业所需要的。

从管理角度出发激发员工工作潜力的方法如下：

1. 巧妙安排工作

被誉为科学管理之父的弗德瑞克·泰勒先生曾经总结出一个结论："干体力劳动的人，如果休息时间多的话，每天就可以做更多的工作。"

泰勒工程师曾经注意过，工人每人每天能够往货车上装大概12.5吨的生铁，但照他的逻辑，他们几乎可以完成目前成绩的4倍，而且还不会出现疲劳感。

泰勒挑选了一位施密德先生，让他按照他要求的来工作。旁边站着一个人拿着一只钟表在指挥施密德："现在拿起一块生铁，走……现在坐下来休息……现在走……现在开始休息。"

得到的结果呢？别人每天只能搬12.5吨的生铁，而施密德每天的工作量却接近于他们的四倍。他之所以能够做到这些，是因为他在意识到疲劳时就开始休息，每个小时他大概工作26分钟，而休息34分钟。

他的休息时间要比他的工作时间多出不少——可是他的工作成绩却比其他人都要好。

你的员工尽了自己的努力，但他们是否就会成为干得最好的那一个呢？不一定！这里面有一个合理安排的问题，如果安排得当，就会激发出更大的工作潜能，完成原来根本不敢想的事情。

2. 给下属放权

有的厂长、经理每天都被淹没在请示、汇报之中，这种领导是非常可悲的。美国有一位公司经理也有过累死的经历，但经过一件事情，他学会了对于依赖性请示的拒绝。

有一天，一位会计人员送来了一份关于调控公司内部开销的请示，请他批阅，并拟订出具体的做法。但是他很忙，这份材料一直拖了一个多月也没有时间看。当会计在一次询问他的时候，他对会计说："我可能抽不出时间，你自己整理一下，提出个具体实施的方案来吧。"结果，会计第二天就把事情解决了，而且完成得相当出色。

从此，他有了自己的主张：把每天的工作分成两大类，一类是他自己必须完成的工作，另一类是员工自己可以完成的工作。对于后一类工作，不管自己有没有时间，他都会拒绝，而且让来请示的员工带着问题回去，在想好解决问题的方法后再来汇报工作。对一些工作能力比较强的员工，他愿意花费自己的精力和时间对其加以培养，并在合适的时候对于他们的位置来进行调整，从此就把这个方面的问题来交给他们解决。这样做引发的结果是，公司的工作人员人人喜欢动脑，进而提高自己的工作能力。

不管你是一个什么样的天才，也不管你有多么能干，一个人的力量总是有限的。一个出色的主管，并不是每件事都亲历亲为，而是能够合理地安排工作，让下属来完成。有些下属部门不擅长解决问题，并不是他们没有能力解决问题，而是上级没有作出这样的安排。高明的主管这个时候便会对下属说："你自己看吧，提出个解决方法来吧"，问题便迎刃而解了。

把握员工心理，工作才更顺利

在日常的工作当中，管理者想要通过一定的手段来提高生产的效率，这不光是要对机器的性能来进行改进。更重要的是要把握住员工的心理。只有充分考虑到自己的员工，充分关心自己的员工，才能换来工作的顺利和企业的进步。

1. 从员工的角度出发来解决问题

有一家西木工程公司坐落在英国的普里茅斯以西4公里处，这家公司的总经理名叫海尔伍德。他精力旺盛，每当他身穿工作服、工作裤出现在生产车间里时，总会给人一种既神采奕奕又随和、友善的印象，让人在他面前不会觉得受到拘束。

海尔伍德经营的这家公司，有非常高的工作效率。自从1969年开始，每年营业额高达300多万美元。海尔伍德常说："我们公司的高速发展，应该将功劳归于我们所生产的耕耘机质量很高、螺旋式除草机的价格比竞争者便宜。"他还强调："我们公司成功的最关键原因，是公司的主要管理者与工人之间具有良好合作默契的精神。我们的管理小组，成员虽然少，但都是年轻人，每个成员都有很强的工作能力和工作责任感，大家都能尽自己最大努力。"

刚开始的时候，公司的占地不到50平方米，固定资产也仅仅是15万元。海尔伍德觉得，一个公司能否高速发展，关键要看员工是否具有工作热情。他开始盘算如何提高员工的工作热情。他发现，按时间计算报酬的办法，对渴望发展的公司不但没有好处，甚至有时候是一个大障碍，于是他采取了按件、按质计酬的办法。这样，不仅提高了产品的质量，也提高了员工的积极性和士气。

按件计酬的方法，如果标准定得过高或过低，都会使影响公司的生产状况。为确定一个合理的工资率，公司的管理人员到基层中来征求员工的看法，在双方都认可的前提下，还要经过一段时间的调试。经过与员工的商量后，制定出一个合理的计件工资报酬率，对员工和公司双方都有好处，这个制度既鼓励了员工多工作，也使公司增加了收益。

为了对那些为公司快速发展作出巨大贡献的员工表示谢意，公司又制定出一套全新的奖励制度。海尔伍德说：最近几年来，我们产品的市场出售的过程中，劳工成本平均占16%。以这个数字为基准，如果某月的劳工成本比率不到16%，那么就把节约下来的一半当成奖金，剩下来的一半作为公司扩展、前进的资金。

奖金分配一般是在每一年结束的时候进行，每个人分配的数额是根据他的分红积分的多少来决定的。公司有个规定，每周根据实际生产的产品数量、质量，给每个人一个适当的分数。对于那些努力工作的员工，可以给他额外的积分。除此之外，员工如果能够按时上班、加班，或保持工作岗位的洁净等，也能够获得额外积分。

海尔伍德以这样的方式来激励自己的员工，使他的公司能够得到长足的发展。

总之，员工到底具有多大的工作潜能，其实在很大程度上决定于他们的管理者。

2. 认真考虑员工的意见

员工的工作是为了谁，站在不同的角度将会有不一样的答案。老板或许会觉得员工是在为他们自己工作，而员工的答案却往往来自于管理者对于他们的态度。

只有善于将企业利益同职工利益挂钩的老板，才能真正让员工们感觉到是在为自己工作。

能够为企业利益考虑的员工不但对于自己的工作兢兢业业，而且还会经常为企业的发展提出一些比较合适的意见。

这就关系到一个如何对待员工所提意见的问题。有的老板对此仅是敷衍几句而已，并没有重视，这实际上犯了一个非常严重的错误。

员工之所以能对企业提出意见和建议，这个从另一个角度可以看出他关心企业，把自己真正当成了企业发展的一分子。如果老板对他们的意见漠不关心的话，就会伤害了他们的积极性，对企业的发展只能是有害无益。

作为企业的领导者，经常会因为一时的冲动而拒绝接受别人（员工）的建议，而且有时候这条建议对企业发展非常有用。在员工向自己提出意见或者建议的时候，不妨仔细听听。如果确实工作太忙，就让公司其他部门的负责人先对这个建议的可行性进行分析。

[人气 即财气]

人气可解释为你在人际交往过程中受欢迎的程度，也从一个侧面反映出你的人脉资源的品质和数量，当然它具有能够帮助你成功的能量，并且也具有毁掉你成功的能量。在中国的文化思想中，非常重视人气在事物发展中的功效。

处理与协调好自己的人际关系，它是你获得成功的非常关键的组成部分，它往往需要花费经营者的非常大的精力，甚至这样的问题有时会严重困扰企业的管理者。如何处理人际关系已越来越成为众多企业管理者关注的问题。营造良好的人脉关系，已成为现代企业一个不可缺少的关键的要素。

每一种的人脉资源，都会引发与之对应的情感体验，人和人之间，出于满足各自的需求，就会产生非常亲密的合作关系，双方就感到心情舒适，反之就会渐渐疏远，出现矛盾甚至有敌对情绪。前者对于各自事业的发展有利，而后者则肯定会影响或阻碍各自事业的发展。

现代创富观念是：善借人气，点旺财气。人们都具有这样的心理，名人生活的环境是令人向往的地方，与名人产生关联的必定是最好的，从这种心理出发，人们便会一起追逐、效仿名人，因此与名人有关的东西顺理成章地成为时下抢手的东西。

美国总统也能帮你做销售？这并非天方夜谭，只要你策划得当，巧妙利用，美国总统这一神圣的王冠你照样可以运用自如，为你的产品增添市场竞争力。

美国一出版社有一批滞销书囤积在仓库里，出版商忽然冒出了一个想法：送给总统一本书，并想方设法征求意见。忙于国家事务的总统不想和他多纠缠，便出于礼貌地回了一句："这本书不错。"出版商便借总统之名为这本书大作广告，"现有总统喜爱的书出售"，因此，这些书刚上市便被一抢而空。过了没多久，这个出版商又有书滞销了，他又故伎重演，总统因为上过一回当，想数落他，就说：这书不好。出版商听到了，灵机一动，又大肆做广告："现有总统讨厌的书出售"，不少人出于自己的好奇心争相购买，这本滞销书又卖完了。第三次，出版商将书递给总统，总统吸收了前两次的教训，便没有采取任何答复，出版商却大作广告："现有令总统难以下结论的书，欲购从速。"居然又被哄抢，这样的结果令总统哭笑不得，商人却因此而大发其财。

1987年天津自行车厂听到美国总统和夫人即将访华，经调查知道，1974年到1975年间，布什在担任美国驻中国联络处主任时，和夫人巴巴拉常常骑着自行车穿梭于北京的大街小巷。从他俩在金水桥拍摄的照片能够看出，布什所骑的是凤凰男车，而巴巴拉女士骑的那辆女车就是天津自行车厂出产的飞鸽牌。于是该厂便向有关部门提意见，这个自行车厂策划出一个向布什夫妇赠送飞鸽自行车的活动。为此，职工们夜以继日，特地加工生产了一辆绿白色的83型男车和一辆红白过渡色的84型女车。这种车是他们1988年底才研发出来的新款式，造型美、重量轻、骑行轻便，经质量检测，测试结果符合国家规定的ISO421的安全标准。

1989年2月25日下午，布什总统和夫人到达北京后，在钓鱼台国宾馆18楼大厅里，李鹏总理和夫人把两辆色彩靓丽的轻便飞鸽车作为国礼赠送给布什总统和夫人，布什夫妇非常开心，连声说："好极了，好极了。"世界各大通讯社和一些著名报刊对这一新闻非常关注，用十几种文字争相报道。新华社也在第一时间向国内外发了消息和通讯，从而使飞鸽自行车名扬世界。

世界上有很多产品都是这样，一朝成名天下知。这些产品的功效，在名人还没使用时就已经存在，并非是在名人使用之后才提高的，为什么同一产品在这前后身价就大相径庭呢？这是借助了名人的缘故，借名人作了产品的广告、宣传，树起了形象，提高了产品的地位。

在普通人的脑海中，有这样一个习惯：名人热爱、赞赏的东西，质量、性能也一定过关，没有必要再去怀疑、等待、考验，同时社会上也的确存在一种追随名人的风气。名人中意什么，我也喜欢什么。名人体验过的东西，不但能够引发人们足够的重视、青睐，而且也有可能在社会上引起购买狂潮。所以借名人来销售，是创造商机的一条非常有用的方法。